COLLECTION FOLIO

Joseph Kessel
de l'Académie française

La Rose
de Java

Gallimard

Tous droits de traduction, de reproduction et d'adaptation réservés pour tous les pays.
© *Éditions Gallimard, 1963.*

*à mon frère
Georges
qui m'arracha ce livre*

I

Ayant traversé la mer intérieure du Japon, le *Kita-Maru*, qui venait de Vladivostok, jeta l'ancre dans le port de Kobé.

La cargaison humaine, que portait le bateau, se déversa lentement sur les quais. Elle était presque entièrement composée de coolies chinois et de réfugiés russes. Pour les loques dont ils étaient vêtus, pour l'odeur de suint, de crasse et de vomissement, il n'y avait pas grande différence entre ces passagers de l'entrepont. Mais, si les uns montraient sur leurs faces jaunes une habitude séculaire du dénuement et du malheur, les autres, hagards, épuisés, n'offraient, contre les assauts du destin, que la détresse résignée de leurs yeux trop clairs et semblaient promis, par la fragilité de leurs attaches, la délicatesse de leurs traits, à une rapide destruction. Dans ce troupeau humain, les plus bestiaux avaient l'avantage.

Comme ces misérables achevaient de débarquer, une voix un peu rauque, mais aux inflexions pénétrantes et sinueuses, appela :

— Lieutenant Lorène !

Puis j'entendis mon nom.

Mon camarade et moi nous quittâmes le pont étroit d'où nous regardions la ville sortir de la brume matinale et rejoignîmes la salle à manger du bateau.

Les policiers japonais commençaient de vérifier les papiers des passagers de cabine.

La méfiance, le goût de l'inquisition étaient portés chez les scribes et les fonctionnaires des îles du Soleil Levant à un degré prodigieux. Maîtres dans le métier de l'espionnage, on eût dit que les Japonais soupçonnaient chaque étranger de le pratiquer à leurs dépens.

Le policier en uniforme devant lequel je comparus m'examina en silence. Ce fut très long. Les petits yeux bridés, sans expression, scrutèrent chaque centimètre de mon visage, chaque bouton, chaque pli de ma vareuse, remontèrent à mon front, reprirent leur examen.

J'allais montrer quelque impatience, mais je me souvins que l'homme ne comprenait pas l'anglais. Il attendait son chef, celui qui nous avait appelés. Entre-temps, il m'étudiait. Je suis certain que, dix ans plus tard, il m'eût reconnu...

Lorène, qu'à l'escadrille on nommait Bob, s'approcha de moi.

— J'en ai fini, dit-il, mais il a fallu que je leur donne le nom de jeune fille de ma grand-mère. A ton tour de t'amuser.

L'officier, déjà, remplaçait son sous-ordre. Comme lui, il était petit de taille, large d'épaules, avait une figure fanée, portait des gants de fil blanc. Il me fit subir un interrogatoire interminable. Mais il ne pouvait rien contre des documents à toute épreuve, certifiés à la fois par les autorités françaises civiles et militaires de Vladivostok. Je quittais l'armée de Sibérie et devais rejoindre Marseille pour y être démobilisé. Le soir même, je prenais un bateau pour Shanghaï.

Le policier aux pommettes saillantes soupira, me rendit mes papiers. Je pouvais débarquer.

Bob m'attendait sur le pont près de nos bagages. Ils étaient rudimentaires et légers, ainsi qu'il convenait à des gens qui, en quelques mois et sans jamais savoir la veille s'ils partiraient le lendemain, avaient traversé l'Atlantique, tout le continent américain, le Pacifique, s'étaient enfoncés dans les neiges sibériennes et se préparaient, maintenant, à parachever le tour du monde en longeant les côtes de l'Asie jusqu'au canal de Suez.

Deux porteurs suffirent à enlever nos cantines et nos valises.

Pour gagner la place où l'on pouvait trouver des automobiles et des voitures traînées par des chevaux ou des hommes, il fallait traverser les bâtiments de la quarantaine, de la douane, des passeports. Nous en avions terminé avec cet odieux cérémonial. Mais les passagers de l'entrepont attendaient encore qu'il commençât.

On les avait parqués entre des clôtures de bois. Des sentinelles, baïonnette au canon, les surveillaient. Quelques mouchards jaunes, en civil, rôdaient tout autour.

Je ne sais ce que l'un d'eux put entendre d'une grosse Chinoise édentée, mais, comme nous passions à sa hauteur, elle se débattit, cria. Un coup de crosse, qui lui fendit la lèvre et le nez, la fit taire. Son mari — ou son frère — ne bougea point. Les rangs du troupeau se serrèrent craintivement.

— Tu as vu ? demanda Bob, d'une façon machinale.

Je haussai les épaules sans répondre.

Mon indifférence, et celle de Bob, n'étaient feintes ou factices. Il n'avait que vingt-cinq ans et moi vingt et un, mais ce genre de spectacle ne pouvait plus nous émouvoir. Ce n'était pas en vain que nous venions de passer quelques semaines en Sibérie, dans l'hiver de 1919.

Là-bas, le typhus emplissait de cadavres les rues et les rames de wagons et les moribonds brûlaient de leur fièvre suprême sur le perron de la gare. Là-bas, les cosaques de l'ataman Semenoff empalaient des villages entiers. Là-bas, des enfants gelaient sur les places publiques. Là-bas, la mort et la torture, la faim et l'épouvante étaient devenues pour nous habitudes.

Ce qu'on appelle le cœur ne connaissait plus, chez nous, l'attendrissement, la pitié.

Et les images pénibles étaient bien oubliées lorsqu'une automobile de louage nous emmena vers le centre de la ville et que le Japon des estampes succéda soudain au Japon, affreusement maquillé à l'européenne, des militaires, des bureaucrates, des argousins.

Les belles coiffes aux coques lisses et brillantes s'inclinaient selon la cadence des socques de bois. Des étoffes brodées de fleurs énormes, d'insectes et de soleils, serraient la taille des femmes. Des coureurs passaient, attelés aux brancards de leurs voitures légères. Les gens s'abordaient avec des sourires et des saluts sans fin. Une courtoisie séculaire, un naturel raffinement composaient la vie en une sorte de ballet gracieux.

Mais rien de tout cela ne touchait vraiment les deux jeunes barbares qui roulaient à travers Kobé. Bob essuyait distraitement le sang de la grosse Chinoise qui avait taché le bas de son manteau. Moi, je pensais surtout au bain que j'allais prendre, car notre bateau, surpeuplé et rationné en eau, ne nous avait permis aucun confort.

Rien ne blase autant que la variété. Or, nous avions été vraiment gorgés de découvertes. Paysages, climats, figures, coutumes — nous en avions tant vu défiler sous nos yeux!

Le 11 novembre 1918, les cloches, à Brest, sonnaient la grande joie de l'armistice. Notre transport quittait la rade. Depuis, les édifices babyloniens de New York, les plaines du Middlewest, le désert du lac Salé, les gorges et les monts, les merveilles de la Californie, le mirage des îles hawaïennes, les charmes du Japon, les ruelles tragiques de Vladivostok, les trains blindés de Koltchak, les houles du Pacifique, les brumes de la mer de Chine, le soleil radieux des tropiques, les glaces sibériennes — que n'avions-nous connu en trois mois!

Et l'alcool et le jeu, et les rixes et les femmes.

Et tout cela au sortir du front, de la danse mortelle des combats de l'air.

Nous avions une voracité terrible pour prendre, gâcher, épuiser et rejeter tout ce qui pouvait contenir une joie prompte et brutale. Quant au reste, nous nous en remettions au sort.

Il avait voulu que, la guerre finie, le plus beau des voyages nous fût offert, que notre escadrille, destinée à renforcer les troupes de Sibérie, quittât la France et que, parfaitement inutile désormais, elle fît une immense bordée, depuis les côtes bretonnes jusqu'aux rivages chinois. Nous trouvions cela tout naturel.

Et aussi qu'une chance pareille fût dilapidée en beuveries, en coucheries, en folies.

Nous étions ivres d'être vivants, d'être trop jeunes et de traîner les signes de la victoire accrochés à nos uniformes.

Je parle pour Bob comme pour moi. De tous nos camarades, nous étions les plus frénétiques. Lui, du moins, il avait l'excuse d'être revenu deux fois au terrain sur les genoux de son pilote tué, manœuvrant les commandes à la place d'un cadavre. Cela peut ébranler les nerfs de l'homme le plus sensé.

Mon cas était plus simple. Je cédais sans résistance aux sollicitations d'un tempérament dangereux pour moi-même et pour les autres. La violence à vivre, à vingt et un ans, est dans sa pleine fleur.

Le pire et le plus noble — j'en étais capable au même degré, presque en même temps et sans faire de différence. Pourvu que l'acte fût un élan effréné du cœur, du sang, des nerfs ou de la sensualité, il me paraissait nécessaire. Il fallait qu'il s'accomplît immédiatement. La qualité ne m'importait en rien. Seule comptait l'intensité. Comme critère à ma conduite, je n'admettais que le culte du courage et de la camaraderie. A part cela mon bon plaisir me gouvernait.

Un mois de luxure et de saoulerie à San Francisco, un mois de terreur blanche en Sibérie, avaient achevé de composer en moi un être qui ne connaissait ni loi ni mesure. Et seulement ainsi peut s'expliquer le caractère de l'aventure qui allait se nouer en quelques heures à Kobé.

La matinée passa en toilette, en achats.

Nous faisions avec Bob bourse commune. Comme il était l'aîné en âge et en grade, il avait le contrôle de l'argent. Cela se réduisait à me prévenir que nous n'avions plus, selon les pays traversés, un franc, ou un dollar ou un rouble. Alors, nous empruntions chacun de notre côté, nous réunissions le produit de notre chasse et attendions, pour payer nos dettes, la fin du mois.

Souvent, notre solde était hypothéquée d'avance et au-delà de toutes nos possibilités. Mais un départ opportun ou la gentillesse d'un camarade nous tiraient d'affaire.

En traversant le Japon sur le chemin de l'aller, nous avions dû passer devant les boutiques aux étoffes superbes et aux masques magnifiques sans y entrer. La traversée du Pacifique avait été longue et coûteuse. Nous l'avions effectuée sur un transport de guerre américain qui menait des « marines » aux îles Philippines. Le jeu était interdit sur le bateau, mais son commandant ne rêvait que de poker. Les parties se tenaient dans sa cabine. Parties enragées qui nous courbaient souvent quarante-huit heures d'affilée sur la table.

Tous les officiers de notre escadrille y prenaient part, ainsi que deux majors des « marines ». Ces derniers avaient fait leurs études dans les tripots d'Amérique, de Cuba, de Panama, de Manille. Ils nous le firent bien voir. Quand le transport nous eut débarqués à Yokohama, nous avions tout perdu, jusqu'à nos montres. Et, pour aller tout au moins au Yoshivara où les femmes étaient encore exposées dans des cages pour attirer le passant, il nous fallut faire une démarche collective auprès du trésorier de l'escadrille.

Notre situation financière, lorsque j'arrivai avec Bob à Kobé, n'était pas aussi fâcheuse, mais elle n'avait rien de brillant. Nous avions reçu nos frais de route jusqu'à Shanghaï, la veille de notre départ de Vladivostok. Seulement, nous avions passé la dernière nuit à l'« Aquarium », où les officiers de vingt nations différentes se saoulaient à mort, tiraient des coups de revolver dans les murs et dépensaient leur solde pour les beaux yeux d'une demi-douzaine de putains assez éclatantes.

— Voici nos fonds! déclara Bob, en étalant, sur le bord de la baignoire où je me prélassais, une poignée de billets de banque japonais dont aucun ne dépassait dix yens.

Il se mit à rire et ajouta :

— Heureusement que le père Volet nous connaît!

Bob pensait à la précaution qu'avait prise le trésorier de l'escadrille de faire retenir nos billets de Kobé à Shanghaï par la succursale d'une grande banque anglaise. Pour la suite du voyage, nous étions tranquilles, ayant une lettre de crédit sur le Consul de France à Shanghaï. Nous partageâmes d'un cœur léger les maigres ressources qui nous restaient et allâmes dans les magasins chacun de notre côté, pour que le goût de l'un ne fût pas influencé par les avis de l'autre. C'est ainsi que nous entendions l'originalité.

Bob rapporta un kimono noir et un sabre de samouraï. Je ramenai un sabre de samouraï et un kimono noir.

Ayant comparé nos achats identiques avec une fureur cachée, ayant menti sur leur prix, puisque c'était le seul domaine où nous pouvions nous montrer rivaux, nous descendîmes déjeuner.

La salle du restaurant était, au Grand Hôtel, immense et prétentieuse. De vastes baies laissaient voir le spectacle de la rue. Mais nous n'avions de regards que pour les femmes qui se trouvaient autour de nous.

Je me rappelle, avec une sorte d'incrédulité, la faim de chair qui était alors la nôtre. Il y avait en elle, en même temps, une bestialité puissante et vulgaire, un fiévreux besoin de vivre et la négation de tout choix, de tout raffinement. Ce qu'il nous fallait, c'était le nombre et la rapidité. La rage que nous apportions à boire, à jouer, à chercher querelle, elle régissait aussi nos rapports amoureux. Et si, dans toute notre manière de vivre, nous montrions peu de scrupules, là, nous n'en connaissions plus aucun.

La femme était une proie qui nous était due. Qu'elle tombât avec nous dans un lit, et tout était justifié. Je ne sais pas si nous n'obéissions point, dans nos réflexes, à un besoin inavoué de revanche, si toutes nos nuits affamées du front n'exigeaient pas de nous cette sorte de vengeance et si, à force d'avoir désiré pendant des mois et des mois les corps précieux et doucement vallonnés, nous ne nous étions pas mis à les haïr.

Contre les femmes, tout en nous était cynique : les paroles, les regards, les gestes, la violence intérieure. Si, par hasard, un sentiment humain m'effleurait à l'égard de l'une d'elles, j'en avais honte affreusement. J'avais l'impression qu'il me dégradait et l'étouffais aussitôt sous une pensée triviale.

Cette attitude, nous la poussions si loin que, de même que nous mettions notre argent en commun, de même, Bob et moi, nous partagions nos maîtresses. Pourquoi se montrer jaloux ou faire le délicat? Quelle femme en valait la peine? Tout ce que demandait notre orgueil élémentaire, c'était la priorité.

Mais nous avions très vite compris — nous formions équipe nocturne avec Bob depuis le début du voyage — que, même à ce jeu de vanité, nous risquions de corrompre la belle substance de la camaraderie. Nous étions trop impétueux, trop enragés, pour qu'une rivalité, fût-elle sans objet profond, ne devînt un combat. Les jeunes chiens, quand ils s'amusent, se déchirent jusqu'à la chair vive, s'ils ont trop de sang.

Aussi avions-nous établi une manière de convention qui réglementait notre chasse. Le premier de nous qui, désignant une femme, criait : « Vu! » avait seul le droit de la poursuivre.

L'autre ne pouvait s'occuper d'elle que vingt-quatre heures après.

Nous avions de bons yeux. Si nous étions vivants encore, nous le devions en bonne partie à l'agilité de notre regard. Mais je crois vraiment que, même dans le ciel ennemi, plein d'embûches mortelles, ni Bob ni moi nous ne tendîmes jamais autant notre vue que pour apercevoir le premier une entraîneuse de cabaret ou une danseuse de bouge.

La qualité des femmes qui déjeunaient au Grand Hôtel de Kobé était toute différente. Pour la plupart, bourgeoises de la colonie européenne, épouses de commerçants ou de banquiers, elles étaient lourdes, molles, habillées sans soin ou avec prétention. Quelques Américaines jacassaient, dont certaines avaient de beaux membres et des traits agréables, mais nous en avions fait une telle consommation à San Francisco qu'elles ne nous intéressaient guère.

Et nous nous mîmes à rêver tout haut des prochaines délices de Shanghaï.

Soudain, j'éprouvai comme un éblouissement et criai :

— Vu !

Mais je n'avais pas été le plus prompt. En même temps que moi, Bob l'avait dit :

— Vu !

Et nos doigts, pointés dans la même direction, désignaient la jeune femme qui venait de franchir le seuil de la salle à manger.

J'ignore ce que pensèrent de notre cri et de notre geste les clients pondérés, provinciaux, du Grand Hôtel. En ce temps-là, nous ne nous occupions point des réactions du bourgeois. La guerre nous avait enseigné à négliger les civils. De toute manière, l'apparition nous eût tout fait oublier.

J'ai rarement rencontré depuis une femme qui appelât autant que celle-ci le désir le plus immédiat, le plus primitif. C'était une métisse d'Européen et de Chinoise. Sa haute et flexible taille montrait qu'elle ne pouvait devoir ses yeux d'Extrême-Orient au sang japonais. La figure était d'une couleur si mate, si lisse, la peau d'un grain si uni, si délicat, qu'elles semblaient exiger, tout ensemble, la caresse et la morsure. La gorge pleine et les reins fiers étaient d'un dessin qui troublait invinciblement. Chaque mouvement dispensait autour de cette créature, certainement marquée pour un destin d'amour, une volupté contenue, sourde, intense, qui était presque insupportable. Le cou avait un élan et une finesse de tige saine. La forme des lèvres faisait penser aux plus beaux, aux plus enviables secrets. Cette fille semblait se tenir à l'extrême limite où l'espèce humaine plonge dans l'indicible beauté animale.

Nous dîmes, de nouveau, d'un même élan :
— Vu !

Déjà il y avait du défi dans nos yeux.

La jeune femme passa devant nous. Un instant son regard croisa les nôtres. Il avait ce brillant de jais qu'ont les prunelles orientales et aussi leur indifférence absolue.

La jeune femme passa devant nous de sa démarche de bête impudique et chaste, et alla s'asseoir seule dans un coin. Les épaules d'un serveur nous la dérobèrent.

Alors seulement, nous nous sentîmes désenvoûtés.

Bob rit de son rire froid, sans joie et dit :
— Inutile de nous battre, nous partons ce soir.

Notre repas était achevé. Avant de sortir du restaurant, nous nous tournâmes une dernière fois vers la fille inconnue. D'un geste gracieux et avide, elle portait à ses dents aiguës une bouchée de viande saignante.

II

Nous devions quitter Kobé à la tombée du jour. Au mois de février, le crépuscule vient vite. Nous nous partageâmes les démarches.

Bob, puisqu'il avait un galon de plus, se chargea de faire timbrer nos papiers militaires par les autorités japonaises. Pendant ce temps, j'irais à la banque retirer nos billets de voyage et me rendrais au consulat de France, afin d'y recevoir les visas nécessaires.

La banque était très vaste. On me renvoya de guichet en guichet. Enfin, j'eus en main nos passages. Quand je me dirigeai vers la sortie, plusieurs personnes me précédaient. Pourtant, parmi elles et tout de suite, je reconnus, à un indéfinissable mouvement intérieur, la métisse du Grand Hôtel. Elle avait beau me tourner le dos, elle avait beau porter un pesant manteau de fourrure, le jet orgueilleux de la nuque, le balancement fugitif et si doux des hanches, je ne pouvais pas les avoir déjà oubliés.

Je pressai le pas. Nous fûmes ensemble sur le perron. Aussitôt se déchaîna sur nous la meute hurlante des « kouroumaïa ».

Tout l'Extrême-Orient connaît cette espèce d'hommes qui remplissent les fonctions de bêtes de trait. En Chine, on les appelle « rickshaws », à Saigon « pousse ». Je devais, par la suite, en descendant vers les Indes, me familiariser avec ces coureurs et leurs voiturettes. Mais, à Kobé, mon expérience d'eux était encore toute neuve.

Talonné par le temps, je n'avais parcouru la cité qu'en automobile. Deux ou trois fois pourtant, je m'étais arrêté sur les places où se tenaient les stations de kouroumaïa, et je les avais considérés avec étonnement. Les uns, assis entre les roues de leurs engins rudimentaires, somnolaient, les yeux mi-clos, et l'on voyait sous leurs paupières baissées luire comme des gouttes d'eau morte. D'autres, appuyés aux brancards et les reins déjà prêts pour la course, échangeaient des paroles gutturales. Ils se ressemblaient tous : petits, trapus, vêtus de courtes vestes bleu-noir et de chausses très collantes qui moulaient leurs jambes jusqu'aux chevilles. Elles se prolongeaient en souliers sans talon, fendus près du gros orteil. Ainsi, ces hommes avaient des pieds fourchus de démons.

Ils en prenaient la complète apparence, lorsqu'ils apercevaient un client possible. Alors, ils se jetaient vers lui, scellés à leurs voitures, l'entouraient de leurs cris, de leurs gestes, hurlaient des invites et des bénédictions, vantaient leur souplesse, leur souffle et leurs jarrets.

Cette sorte de tempête accueillit la belle métisse au sortir de la banque. Elle ne sembla pas l'entendre et demeura immobile quelques secondes, avec une expression d'absence totale sur son visage à la fois délicat et sensuel.

— J'ai une automobile pour la journée, lui dis-je en anglais. Je suis prêt à vous conduire où il vous plaira.

Elle ne répondit rien, ne m'accorda pas un regard, mais un léger mouvement durcit ses lèvres mystérieuses. Je répétai mon offre. La métisse descendit les marches, fendit la troupe vociférante aux pieds fourchus et marcha vers un vieux kourouma qui, déjà fatigué, respirait péniblement.

Cette femme venait de faire son premier geste incompréhensible.

Pourquoi choisir une bête de somme visiblement fourbue ? Par pitié ? Une aumône de quelques sen eût mieux fait son affaire.

Je rejoignis la métisse pour lui dire :

— Venez donc avec moi ! Votre cheval ne vous mènera pas loin !

Cette fois encore, je n'obtins pas de réponse, mais dans les yeux brillants qui, une seconde, se posèrent sur moi, je crus discerner une cruauté singulière.

La jeune femme s'installa lentement dans le petit chariot, croisa sur sa poitrine son manteau épais et ordonna :

— Consulat d'Angleterre !

A peine le vieux kourouma s'était-il mis en route que je sautai dans la voiturette voisine et criai à l'homme qui se tenait entre les brancards :

— Suis cette femme !

Je savais sans doute que tous les consulats étaient situés dans le même quartier, mais la métisse eût-elle choisi le bout de la ville, je suis sûr que je ne l'aurais pas lâchée et eusse manqué

23

mon bateau plutôt que de voir mes avances repoussées avec un si calme dédain.

Le chauffeur de l'automobile de louage que j'avais retenue se précipita :

— Va m'attendre au consulat de France, criai-je brutalement.

Comment ne comprenait-il pas que je voulais faire le chemin roue à roue avec cette fille qui me fascinait ?

Mon coureur, comme la plupart de ses pareils, était très vigoureux. Il eut vite fait de rejoindre le vieux kourouma, et malgré le mouvement intense de la rue toute sonore de cris et du bruit des socques, il se maintint à quelques centimètres de la voiturette qui portait la métisse.

Je la dévisageais avec une insolence outrée. Elle ne voulait pas s'en apercevoir. Seulement, de temps en temps, elle pressait l'homme qui la traînait. Celui-ci prenait le trot. D'un bref élan, mon kourouma le dépassait. J'apercevais alors un vieux visage fané, ridé, sur lequel perlaient déjà de légères gouttes de sueur, et dont les yeux cernés de poches étaient ceux d'un cardiaque.

Les rues étroites bordées d'échoppes s'élargirent. La vieille cité japonaise commença de faire place au quartier européen. Je fus surpris de l'allure que prirent soudain nos véhicules dans cet espace à peu près libre et plat. En vérité, un fiacre n'eût pas avancé plus vite. Il semblait que les voiturettes dont ils avaient la charge poussaient les coureurs. Au bout de poignets flexibles à l'extrême, leurs mains tenaient à peine les brancards. Un équilibre instable, mais souple et sûr, liait les kouroumaïa à leurs chariots. Sur les mollets épais, luisants de moires bleues, le jeu des muscles se dessinait en belles stries profondes.

Pendant un kilomètre, le vieil homme soutint facilement ce train. L'habitude, l'art de ménager son souffle, acquis au cours d'un demi-siècle de labeur, remplaçaient les forces que l'âge et le mal lui avaient dérobées.

Mais, passé le pont de la voie ferrée qui coupait la nouvelle ville de l'ancienne, cette maîtrise ne suffit plus.

La côte, qui, de là, menait au quartier des consulats était si dure que, instinctivement, je mis pied à terre.

Pour la première fois, la métisse me regarda. Mais avec quel mépris! Puis elle se renversa davantage contre le dossier de paille, comme pour se rendre plus pesante, et dit avec violence à son kourouma qui, arrêté, considérait la côte avec appréhension :

— Marche!

Dès cet instant, j'attendis le drame. Viendrait-il de mon fait ou de celui de cette fille que je détestai soudain, ou de celui du coureur épuisé? Je ne voulus pas le prévoir, mais je le sentais approcher, inévitable, fatal.

Il y avait trop de superbe, de défi, de haine, au fond de ces beaux yeux plus brillants, dans cette poitrine flexible soulevée par une respiration plus rapide, dans ces lèvres retroussées. Et je crus deviner que la métisse enveloppait dans une même exécration le jeune officier aux bottes éclatantes que j'étais et la pauvre bête de somme qu'elle se préparait à achever. Le kourouma était un jaune, j'étais un blanc. Le sang bâtard de la métisse, bien qu'il eût donné en elle un fruit merveilleux, nous détestait l'un et l'autre.

Le vieux Japonais soupira profondément, rapprocha les épaules, bomba les reins, attaqua la montée. Je le suivis, mon kourouma près de moi. Chaque pas coûtait au vieil homme une peine de plus en plus manifeste. Les brancards tiraient sur ses mains crispées. Tout son corps était happé en arrière. Je contemplais avec une curiosité malsaine ce combat désespéré. Il dura jusqu'à la mi-côte.

Là, le kourouma à bout de souffle fit halte. Je m'arrêtai également. Peut-être, sans ma présence, la jeune femme eût consenti à descendre, mais, sous mes yeux qui ne la quittaient pas un instant, elle ne voulut pas se dédire. Et ordonna :

— Marche!

Le vieil homme tourna la tête vers elle. Une angoisse indicible labourait son visage ruisselant, l'angoisse de ceux qui sentent une bête funeste attachée à leur cœur exténué.

— Marche! cria la jeune femme d'une voix stridente.

Le kourouma se tassa sur lui-même, ainsi qu'un coureur qui prend son élan, puis il voulut d'un seul effort arriver au sommet de la côte. Les premières foulées furent courageuses. Soudain, il vacilla.

La métisse poussa un cri. La voiturette se renversait. Son poids triomphait des bras tremblants, débiles; les brancards échappaient aux mains du vieux kourouma. La jeune femme jeta derrière elle un regard plein d'épouvante. Nue et frappée de lumière, la pente dévalait. Si le coureur tombait, le véhicule allait bondir sans guide ni frein. La métisse allait être écrasée dans cette course folle.

Combien elle dut chérir en cet instant son corps magnifique! De quelle haine elle dut haïr le vieux Japonais fléchissant!

Cependant, les genoux du kourouma pliaient. Un râle sifflant ravageait sa gorge. Ses doigts lâchaient... lâchaient... La voiturette penchait de plus en plus et, déjà, je la sentais s'animer de cette force terrible que prennent les choses lorsqu'elles échappent au pouvoir des hommes. L'équilibre suprême allait se rompre dont la vie de la métisse dépendait.

Alors, elle m'adressa un regard où la supplication la plus éperdue se mêlait à une terreur mortelle. Elle avait si peur qu'elle ne pouvait plus faire un mouvement ni proférer un son. Mais ses yeux criaient au secours.

Or, je ne fis rien.

Un sentiment de revanche, de plénitude bienheureuse, un goût de meurtre inassouvi, voilà tout ce que j'éprouvais. Une femme avait voulu commander, défier, conduire le cours des choses à sa guise. Qu'elle payât le prix de sa prétention! Et comme mon coureur ébauchait un geste vers elle, je l'arrêtai en levant le poing.

Le vieux kourouma, brusquement, abandonna les brancards. J'ai encore dans les oreilles la clameur hystérique de la femme.

Mais, en même temps, le vieil homme, dans un mouvement désespéré, dans un sursaut d'agonisant, passa ses bras entre les rayons d'une roue. Puis sa grosse tête s'imprima, inerte, dans la poussière.

La voiturette, bloquée, versa simplement sur le côté.

Je m'en allai sans voir la fin de la scène.

Revenu au Grand Hôtel, avec nos papiers visés, je racontai l'aventure à Bob.

— Cette fille relève de la cravache, dit-il pensivement.

Il s'étira, plissa ses lèvres cruelles, et ajouta :
— Je la lui donnerais bien.

Je vis qu'il pensait aux hanches, aux reins de la métisse. Et j'eus envie de lui casser la figure.

III

Bob jeta sa cigarette dans l'eau noire et immobile, posa sa main sur la rambarde, la retira brusquement. Il dit avec dégoût :
— Quelle ordure!
Puis, avec un coup de pied dans le bastingage :
— Ce sabot merdeux ne partira jamais!
Je répliquai par un juron obscène. Nous retournâmes à un silence chargé de toutes les malédictions intérieures.

Nous attendions en vain, depuis trois heures, le coup de sirène. Notre désœuvrement était complet. Il n'avait pas fallu beaucoup de temps pour faire le tour du bâtiment qui devait nous porter à Shanghaï. Nous disposions, pour y vivre trois jours et trois nuits, d'un tout petit cargo avec quatre cabines logées dans la superstructure et qui encadraient deux par deux l'unique pièce commune, en même temps salle à manger, salon et bar. Un relent de bière aigre y imprégnait l'air d'une odeur difficilement tolérable.

La cellule qui nous servait de logement avait été refermée sur nos bagages. Le mousse avait disparu avec la clef. Nous ne le regrettions pas.

Un coup d'œil nous avait suffi pour la juger inapte à tout autre usage qu'au sommeil. Deux couchettes tassées l'une sur l'autre et un lavabo préhistorique en occupaient presque toute la superficie. Impossible de s'habiller ensemble dans ce chenil, moins spacieux qu'un compartiment de wagon-lit.

Pour le reste, le bateau était d'une saleté répugnante. Il semblait qu'on n'eût jamais lavé le pont. Tout ce que l'on touchait collait aux doigts.

Je me rappelais avec une impuissante fureur le sourire satisfait de Volet, notre trésorier de Vladivostok. Cet imbécile nous avait annoncé :

— Mes gars, je vous ai obtenu deux fières places. Un cargo, oui, mais un hollandais. Et vous savez, chez les Hollandais, on peut manger par terre. Vous serez mieux que sur un paquebot... Un hollandais, mes gars !

En fait de Hollandais, nous avions vu un Chinois à lunettes — il avait pris nos billets sans un mot — et le mousse malais évanoui au fond de la pénombre, emportant la clef de notre cabine. Il est vrai qu'à la poupe du bateau pendait dans la nuit sans souffle une sorte de loque aux couleurs des Pays-Bas.

Nous avions passé trois heures à tourner comme des chevaux de manège sur le pont étroit et gluant sans rencontrer figure humaine, sauf celles — que nous ne pouvions plus supporter — des gens de police et de douane. Mais ils nous avaient laissés parfaitement tranquilles. L'un après l'autre, ils étaient montés dans les appartements du commandant et n'en avaient plus bougé.

Chaque fois que notre impatience nous avait

amenés vers les lieux où habitait le capitaine invisible du cargo, nous nous étions heurtés à des hommes jaunes en uniforme. Ils nous avaient fait signe de nous éloigner et nous avions dû nous résoudre à compter de nouveau les feux clignotants du port de Kobé.

Le temps passait. Un canot accosta notre bâtiment qui était mouillé sur rade, fort loin des quais. Un Japonais, tout desséché et vêtu à l'ancienne, en kimono, descendit avec l'aide de deux serviteurs. Les rameurs s'inclinèrent avec un respect infini et attendirent.

— Une huile! grommela Bob. J'espère qu'il va arrêter le patron de cette poubelle. Il y a quelque chose de louche ici!

Une demi-heure s'écoula...

Des pas ébranlèrent l'escalier moisi qui descendait de la dunette. Le vieux Japonais parut le premier, puis vint l'officier de police, puis les gendarmes et les douaniers. Un petit homme grisonnant, presque sans cou, aux yeux perçants et faux, fermait la marche. A sa vareuse souillée, mais marquée de morceaux de galon, nous reconnûmes le capitaine du cargo.

Bob dit à haute voix et en anglais :

— Il a l'air libre, le salaud!

Personne ne prêta attention à ses paroles. Un tournoi de politesses interminables, de courbettes, de phrases rapides, consacrées et fleuries, se livrait entre les principaux visiteurs et le commandant. Puis, il y eut une lutte courtoise entre l'officier et le vieux Japonais : chacun voulait laisser à l'autre l'honneur de quitter le bateau le premier. Le vieillard, comme nous le savions depuis le commencement du ballet, s'avoua vaincu. Ses serviteurs le reçurent dans leurs bras, ainsi qu'un objet sacré. Policiers et douaniers embarquèrent sur leur vedette. Une lugubre plainte emplit la nuit : la sirène.

— Enfin! dit Bob au commandant. Vous savez...
— Oui, oui, je sais, interrompit l'autre avec beaucoup de sang-froid et de bonhomie, et je m'excuse de tout mon cœur, mais ces formalités japonaises n'en finissent jamais. Ils ont cherché, cherché...

J'intervins brutalement :
— Et rien trouvé? Vraiment?

Le commandant recula un peu. Ses yeux furent plus faux. Mais une autre voix que la sienne me répondit :
— Absolument rien, figurez-vous, lieutenant!

Je n'avais pas entendu approcher l'homme et je fus désagréablement surpris par le silencieux déplacement de ce corps énorme — car il était énorme dans toutes ses dimensions : hauteur, largeur, épaisseur. Il me fallut lever la tête pour apercevoir le visage du colosse. Et, d'abord, je ne fis attention qu'aux lèvres. Elles exercèrent immédiatement sur moi une sorte de fascination odieuse. Les yeux presque invisibles sous la graisse pesante, les cheveux blonds, très pâles et rongés par la calvitie, l'étrange lividité des joues, je n'en tins compte que par la suite. Mais alors, je fus hypnotisé par la bouche seule, d'un dessin brutal et vil, d'une largeur et d'une grosseur anormales. Sa sensualité, son indécence, tenaient de l'exhibitionnisme.

Un sourire qui mariait l'assurance la plus

cynique à une indéfinissable menace rendit cette bouche plus répugnante encore, quand l'homme reprit :

— Véritablement, mes officiers, je suis navré que vos premières impressions aient été pénibles chez moi (il fit une pause). Car vous êtes chez moi, il faut que vous le sachiez. Mon nom est Van Bek et je suis l'armateur de ce bateau.

— Enfin un Hollandais à bord! ricana Bob.

— Il y en a un autre, répliqua imperturbablement le colosse. Le voici.

Il montra le marin aux galons déchiquetés. Celui-ci s'inclina légèrement.

— Capitaine Mauricius, dit-il, pour vous servir, mes officiers, et commandant la *Rose de Java*.

Ces deux hommes qui n'avaient rien de comique, au contraire, semblaient jouer à notre intention je ne sais quelle farce pleine d'invisibles grimaces : deux clowns sinistres sur un pont fantôme...

L'exaspération qui s'était accumulée en nous se déchaîna. Nous criâmes ensemble :

— La *Rose de Java!*
— Un sabot!
— Un cloaque!
— C'est un vol!
— Une saloperie!

Nous eussions pu continuer longtemps. Van Bek et le capitaine Mauricius nous écoutaient avec placidité. Leur apparente bonhomie ne faisait qu'enflammer notre fureur : nos voix devenaient plus aiguës, nos injures plus grossières. Bref, je pense que nous étions tout à fait ridicules, quand le mugissement de la sirène vint interrompre nos imprécations.

— Si vous n'êtes pas contents, vous pouvez encore descendre, dit lentement Van Bek. N'est-ce pas, Mauricius?

— Bien sûr, appuya le capitaine. Ils ont au moins cinq minutes avant le troisième sifflet.

Je mis la main sur l'épaule de Bob. Nous étions d'accord.

— Ça va! dit Bob. Remboursez nos passages et nous débarquons.

Un rire court et sans joie fit osciller la poitrine énorme de Van Bek.

— Vous avez entendu, Mauricius? dit le colosse. Ils veulent de l'argent.

Pour toute réponse, le capitaine cracha contre le bastingage.

Bob avait sur moi un avantage certain : le sens de l'inutile. Téméraire jusqu'à la démence, lorsque l'occasion offrait une chance sur cent, il savait, dans les cas où tout effort était absurde, se maîtriser et attendre. Je ne possédais pas le même sang-froid. Quand la colère me fouaillait, je n'étais plus qu'un animal aveugle.

L'impudence des gredins de la *Rose de Java* me fit trembler d'un frisson auquel je m'abandonnai avec délice, comme il m'arrivait chaque fois que ma raison s'effaçait devant l'instinct.

Celui qui me submergea, je le reconnus bien : j'avais besoin de frapper, et définitivement.

Comme je sentis que mes muscles ne pourraient rien contre deux hommes dont l'un était une tour de chair, je me souvins de mon revolver. Ou plutôt ma main s'en souvint toute seule. Elle le trouva dans la poche droite de ma vareuse, sans que j'eusse eu à lui commander le geste. Le réflexe avait été si rapide que Bob, je le savais, ne pouvait pas arrêter mon bras, pas même détourner le coup de crosse. Je savourais déjà une joie sauvage...

Quelle ne fut pas ma stupeur de me sentir soudain enlacé par-derrière à hauteur de la taille, et tenu de telle façon que mon poignet se trouva plaqué contre mon flanc!

Je pivotai d'une secousse : l'étreinte fut rompue. Je me trouvai en face du mousse malais. Il ne dit rien, mais dans sa figure creuse, fiévreuse, brillaient des yeux emplis de supplication.

Le dernier coup de sirène passa dans la nuit humide. Je me sentis vide et rompu.

— Vous ferez un bon voyage tout de même, si vous renoncez à certains petits jeux, dit une voix molle et lourde à mon oreille.

M'ayant ainsi parlé, Van Bek s'en alla avec le capitaine. Ils montèrent sur la passerelle.

— Pourquoi m'as-tu empêché? demandai-je au mousse avec une sorte de curiosité abstraite, impersonnelle.

Il répondit timidement en *pidgin* [1] :

— Ils t'auraient fait plus de mal à toi que toi à eux.

— Qu'est-ce que ça peut te faire?

— Tu as été bon pour moi.

L'enfant regarda de tous les côtés et, ne voyant personne, sortit de ses haillons quelques piécettes américaines, russes et japonaises. Je me rappelai que j'avais vidé le fond de mes poches pour lui donner ce pourboire dérisoire : c'était toute ma fortune.

1. Mélange d'anglais, de chinois, de malais et de japonais qui a cours sur toutes les côtes d'Extrême-Orient.

Un frémissement parcourut le cargo, les feux du port bougèrent.
Nous étions partis.
Une fois de plus...

Une fois de plus, les formes d'une terre mal connue de nous s'effacèrent à l'horizon. Une fois de plus, un bateau cerné par la mer fut notre seul refuge. Mais quelle mer! Molle, obscure et à ce point brumeuse que le sillage ne s'y distinguait pas. Quant au bateau, on sait déjà ce qu'il valait.

Lorsque nous n'eûmes même plus la ressource de regarder le rivage incertain fondre dans la nuit, une véritable détresse s'empara de moi. Qu'allais-je faire, pendant trois journées interminables?

De vie intérieure, à ce moment, je n'en avais aucune. La lecture, sauf celle des journaux, j'en avais pour ainsi dire perdu l'usage. Je n'existais que par mes réactions aux secousses dont le hasard agitait mes sens. Rixes, cartes, boisson, luxure — mélange de visages et de corps, et moi-même dissous dans ce jeu sans frein : voilà comment je concevais le destin d'un homme véritable. Voilà de quoi me semblait composée sa seule raison d'être. Et rien ne me terrifiait autant que l'ennui.

Or, j'étais enfermé sur un sabot infect, sans l'espoir d'une éclaircie, d'une distraction. Pour comble de disgrâce, les deux hommes qui commandaient le cargo et qui eussent pu écourter les heures par les récits de leurs aventures, je les avais écartés, rejetés, sans chance de retour. Et qu'avais-je choisi pour cela? Une menace avortée, une bravade, arrêtée par un enfant!

Le pont de la *Rose de Java* était très mal éclairé. C'était une chance : Bob ne put voir le jet de sang dont je sentis s'enflammer mon visage. Mais j'éprouvai la nécessité immédiate de rompre le silence qui nous enveloppait et que rendaient encore plus odieux les grincements monotones du cargo, le bruit égal de déchirure que faisait l'étrave contre de liquides ténèbres.

— Drôle de bâtiment! Drôles de gens! dis-je du ton le plus dégagé qu'il me fut possible de prendre.

Bob ne répondant pas, je continuai :

— Et drôle de mousse! Il a été sûrement élevé dans les bagarres. Tu as vu comme il a deviné ce que je voulais faire?

— J'ai surtout vu que tu t'es conduit comme un imbécile! répliqua Bob.

Je le savais. Mais il ne me plaisait pas de le lui entendre dire.

— Écoute, Bob, commençai-je, si tu te crois tellement supérieur...

Il m'interrompit sèchement.

— Je ne crois rien. Je ne veux pas arriver à Shanghaï enchaîné à fond de cale et couvert de vermine. C'est tout. Une fois que nous serons là-bas, si nous avons une correction à donner, nous la donnerons. Et je ne serai pas le dernier, crois-moi.

Il alluma une cigarette. Je vis mieux le dessin de ses lèvres fermes, cruelles. Non, Bob, ne me serait d'aucun secours contre l'ennui mortel dont je me sentais investi. Notre querelle n'était pour rien dans ma soudaine certitude. Nous en avions eu mille depuis le départ de France. Je venais simplement, et par cette illumination qui fait parfois le jour en nous sur l'exacte nature de longs rapports, je venais de toucher la vérité. Sauf quelques instincts élémentaires que nous partagions à doses égales, et sauf une rivalité de jeunes bêtes, il n'y avait rien de commun entre Bob et moi. La profonde exigence de l'amitié ne trouvait en nous aucun aliment : nous étions des camarades au sens le plus fort, mais aussi le plus limité.

Cela voulait dire que nous étions tout disposés, en cas de coup dur, à donner notre dernière chemise et notre vie l'un pour l'autre; nous aimions boire ensemble et courir les mauvais lieux et nous jeter sur les filles et passer des nuits aux cartes, parce que, de tous nos compagnons de route, personne n'avait eu autant que nous de penchant pour ces jeux. Mais, en dehors de cela, nous n'avions rien à nous dire, et la tendresse véritable nous faisait défaut qui seule donne de la vie au silence.

C'est pourquoi Bob, ayant tiré quelques bouffées, proposa machinalement :

— Viens prendre un verre!

Je fis semblant de résister et grommelai :

— Je n'ai pas un sou.

— Moi pas davantage, dit Bob. Raison de plus!

Une sentence de cette sorte avait tout pouvoir sur moi. Je suivis Bob jusqu'à la salle commune.

On y avait ouvert les hublots. Sous l'effet de la brise marine, l'odeur de bière surie s'était dissipée. La table était déjà mise pour le dîner. Je comptai cinq couverts.

Devant le bar primitif aménagé à tribord se tenait un passager que nous n'avions pas vu encore. C'était un blanc, mais il parlait au mousse, qui le servait, en langue malaise et avec une facilité, une volubilité surprenantes. Il remarqua seulement notre présence lorsque nous fûmes derrière lui. Alors, il se retourna brusquement et s'écria, comme pris en faute :

— Excusez-moi! Excusez-moi, gentlemen! Je ne pouvais pas savoir qu'un rafiot comme celui de Van Bek transportait des personnes aussi distinguées. Je ne pouvais pas le savoir, n'est-ce pas!

Alors j'expliquais à ce petit morveux le cocktail que je voulais, dans son jargon. Il faut bien se faire comprendre, n'est-ce pas? Ces sauvages ne sauront jamais l'anglais convenablement!

— Voulez-vous me faire l'honneur de boire quelque chose avec moi? Mais je suis tout confus — je ne sais pas ce que j'ai aujourd'hui, non, je ne sais vraiment pas —, je ne me suis pas encore présenté. *Sir* Archibald Hume, oui, *Sir* Archibald, *Sir* parfaitement, *Sir* Archibald Hume.

Malgré la vitesse maladive avec laquelle ce discours avait été débité, nous en comprîmes chaque syllabe. Cela tenait à l'articulation parfaite, raffinée et même précieuse de notre interlocuteur. Elle montrait, mieux que son insistance à souligner son titre, la qualité de son éducation.

Je l'observai à loisir, tandis que, d'une longue main osseuse et un peu tremblante, il faisait signe au mousse de nous verser à boire. Sir Archibald était d'une taille assez brève, mais sa maigreur extrême le faisait paraître plus grand qu'il n'était en vérité. Une belle chevelure blanche coiffait son visage tout en creux et en arêtes. Sa peau avait la consistance, le grain et la couleur de celle des poissons séchés au soleil. Il était rasé de près, mais, sur ses vêtements en désordre, des boutons manquaient là où leur absence était la plus gênante.

Il leva pourtant son verre avec une singulière autorité et, si sa main n'eût pas tremblé si fort, le geste aurait eu quelque chose d'officiel.

— Gentlemen, dit l'étrange personnage, permettez-moi de porter un toast à la République française, au roi d'Angleterre et à notre commune victoire.

Il but d'un trait, raide et solennel. Sa main était devenue plus ferme.

La *Rose de Java* ahanait doucement.

— Gentlemen, reprit Sir Archibald, vous ne pouvez pas savoir le plaisir que me procure votre présence. La société des gens distingués m'est plus nécessaire que la nourriture (son débit se fit plus précipité, presque haletant). Quand on est né dans la distinction, il est impossible, sans souffrir, de supporter des rustres. Des circonstances, oui, c'est bien cela... c'est bien le mot propre, des circonstances m'ont forcé à prendre cet horrible cargo. Je me réjouis de voir que je ne suis pas le seul et que je ne suis pas abandonné à Van Bek, à Mauricius...

Il haussa les épaules.

— Mauricius! Il se dit européen. Un homme qui est né à Sumatra et qui n'a jamais été plus à l'ouest que Singapour! Sa vie s'est passée entre le Japon et les Indes néerlandaises. Vous voyez ça, gentlemen. A votre santé, gentlemen! Et Van Bek! Quand je l'ai connu, il dirigeait un beuglant. Parfaitement, un beuglant, et pas des plus raffinés! Des blanches et des jaunes mélangées dans le même établissement. Est-ce admissible? je vous le demande? La première fois qu'il m'a vu, il m'a dit : « Sir Archibald, je suis tellement, tellement flatté... »

— Et je le suis encore, mon cher Archie, figurez-vous! dit la voix de Van Bek.

Il était encore arrivé tout contre nous, sans que le moindre craquement eût décelé son approche.

Le cargo eût heurté une roche sous-marine que Hume n'eût pas perdu contenance davantage. Ses épaules s'affaissèrent d'un seul coup. Il parut affreusement petit auprès du colosse. Ses lèvres se mirent à trembler. Enfin, elles purent émettre quelques sons et il bredouilla :

— Je... je voulais... non..., c'est-à-dire... je... croyez-moi, je ne disais pas de mal, c'est vrai, n'est-ce pas, gentlemen?

Cet homme ne nous connaissait pas. Nous ne lui avions pas adressé trois phrases (il ne nous en avait pas laissé le temps) et voilà que, avec une angoisse servile, il nous suppliait de confirmer son mensonge.

J'échangeai avec Bob un regard où il entrait autant de stupeur que de dégoût.

— C'est inutile, dit froidement Bob. La plus sûre qualité de M. Van Bek est d'avoir de bonnes oreilles.

— Mais non, mais non, s'écria Sir Archibald. Ne croyez pas, gentlemen, je vous assure... vous insinuez... non, je ne veux pas dire cela. Je veux dire que Van Bek est une personne de distinction (il pleurait presque), non, je ne veux pas dire cela... mais, mais si, je dis bien : distinction...

Le colosse souriait. Sa bouche faisait penser à une méduse. Il se taisait, ses yeux lourds à peine visibles, baissés impitoyablement vers le petit

homme à cheveux blancs qui continuait à balbutier des paroles sans suite. Il était évident que Van Bek jouissait intensément de ce désarroi morbide. Et plus durait son silence, plus Hume perdait le contrôle de ses nerfs. Je le crus voué à une crise comme en ont les hystériques. Et, sans doute, Van Bek l'eût mené jusque-là, si le capitaine Mauricius, entrant sur ces entrefaites, n'eût pas crié :
— A table !

Le repas fut expédié très vite. Van Bek et Mauricius s'entretenaient de temps en temps à voix basse et en hollandais. Bob sifflait une marche militaire. Je me bornais à manger. Hume à boire. Il ne toucha à rien de ce que lui servit le mousse (bien que la cuisine fût d'une qualité surprenante sur ce bateau où tout agrément semblait interdit), mais il avala une dizaine de whiskies. Van Bek le regardait faire avec une pesante satisfaction.

— Crédit toujours ouvert, Archie ! lui jeta-t-il en se levant pour suivre Mauricius qui, sans un salut, avait déjà quitté la pièce.

Dès que la porte se fut refermée sur le colosse, Hume, instantanément, redevint le personnage que nous avions connu au premier abord.

— Mon Dieu, mon Dieu ! soupira-t-il. Qu'il est pénible d'avoir affaire à des originaux ! Mais, gentlemen, il ne faut pas vous laisser abattre. La soirée est à nous maintenant, nous sommes de nouveau entre nous, entre gens de société, n'est-ce pas ? Profitons-en ! Profitons-en ! Que diriez-vous d'un petit poker, gentlemen ? Boy, les cartes ! Vite !

L'avidité qui creusa sa figure émaciée et exsangue, je ne la lui avais pas vue encore, même lorsqu'il tendait sa main vers un verre d'alcool. Une répugnance si forte me souleva le cœur que je jetai par terre le jeu poisseux, jailli des haillons du mousse.

Sir Archibald me considéra un instant, puis sa bouche fléchit, comme celle d'un vieil enfant prêt à hurler.

— Vous voyez comment sont les gens de distinction? prononça Bob en détachant chaque syllabe.

— Au moins, au moins... vous prendrez bien un verre avec moi? murmura Hume.

C'en était trop, même pour Bob. Il me prit le bras et nous sortîmes.

Sir Archibald, déjà, tenait en malais des propos fiévreux.

Quand je songe aujourd'hui à cette première nuit sur la *Rose de Java*, j'éprouve un profond regret.

Ce cargo, plein de troubles énigmes, que, de ma couchette vraiment marine j'entendais haleter sur l'obscure mer chinoise comme j'aurais dû l'aimer, comme j'aurais dû me pénétrer jusqu'à la moelle de son odeur, de son secret, de ses vices!

Pourquoi ne me suis-je pas mieux lié avec Sir Archibald, avec le colosse Van Bek? J'aurais pu leur arracher tant d'histoires!

Mais je ne savais pas alors que la plus étrange aventure a souvent un visage sordide et, pour tout dire, étant très jeune et voulant vivre chaque minute, je n'avais pas encore de goût pour la vie des autres.

IV

Bob dormait peu et mal.

Cela remontait au jour où ses camarades d'escadrille l'avaient vu regagner leur terrain dans un avion que lui, l'observateur, manœuvrait au lieu de son pilote tué, et assis sur le cadavre.

Je ne fus donc pas surpris, en ouvrant les yeux, de me trouver seul dans notre cabine. Pour ma part, je jouissais alors d'un sommeil minéral, et le réveil m'offrait la vie comme une piste toute neuve et le monde comme un butin radieux.

Le jour était assez avancé. Le soleil donnait à plein contre la vitre épaisse du hublot.

Il me fallut à peine étendre mes jambes de la couchette supérieure que j'occupais, pour toucher le sol.

Je fis une toilette rapide, négligeai de me raser et courus dehors. Une lumière glorieuse régnait sur la mer et sur le pont, si puissante qu'elle effaçait toutes les souillures du cargo. Le ciel, le vent, l'onde, tout respirait la plénitude et la pureté. Il était vraiment magnifique le don qui, ce matin-là, était fait à mes vingt ans.

De grandes jonques passaient, ventrues et

légères, portées par leurs bizarres voiles, comme des monstres angéliques. Sur les mâts, dans les cordages, s'agitaient des matelots venus de toutes les côtes et de toutes les îles de l'Extrême-Orient. Dans leur sillage, on croyait sentir une odeur d'épices, de riz et d'opium. Elles avaient levé l'ancre dans des ports inconnus. Elles allaient vers des ports inconnus. Et l'eau ruisselante s'attardait aux sculptures qui hérissaient leurs proues et leurs flancs.

« Pourquoi ne sommes-nous pas un bateau pirate? me demandai-je avec chagrin. Nous prendrions ces bâtiments merveilleux à l'abordage, nous les emmènerions dans une crique déserte : là commencerait l'orgie. Il y a sûrement de belles Chinoises à bord. »

Les souvenirs livresques des flibustiers se mêlaient aux images toutes fraîches que j'avais de l'Orient, et je me pris à construire des poursuites, des pillages et des viols...

Un nuage léger voila le soleil, un instant. Cette fugitive rupture de l'éblouissant équilibre qui environnait la *Rose de Java* mit fin à mes rêves puérils et barbares. Je me retrouvai sur le pont d'un cargo misérable, entouré de trois personnages répugnants et sans une femme.

Comme cela m'était arrivé la veille, je rougis intensément.

« Je ne serai jamais qu'un enfant, pensais-je, qu'un imbécile! Bob a raison. »

Bob... Ce nom changea le cours de mes idées. Le soleil approchait de son zénith. Bientôt, on irait déjeuner, et Bob n'avait point paru sur le pont. Où était-il? Que pouvait-il faire?

Mon premier mouvement fut de me rendre à la salle commune. Elle était vide.

En passant par la coursive opposée à celle qui desservait notre cabine, je vis, par la porte entrebâillée, Sir Archibald étendu dans une cellule en tout point pareille à la nôtre. Le mousse lui tendait un verre de whisky. J'attendis l'enfant et lui demandai :

— Tu n'as pas vu l'autre lieutenant?

Le petit Malais répondit très vite :

— Il est passé plusieurs fois par ici.

Ce ne fut pas la réponse qui éveilla mon intérêt, mais le ton gêné sur lequel elle était faite.

— Par ici! répétais-je machinalement, tout en examinant les lieux avec plus d'attention.

C'était un étroit boyau sur lequel donnaient d'un côté le bar et de l'autre deux cabines. La première était occupée par Sir Archibald, la deuxième était fermée. Exactement comme de l'autre bord, là où nous logions. Je m'étais sûrement trompé, en interprétant le propos du mousse. Par acquit de conscience, je l'interrogeai encore :

— Qui habite près de nous?

— Personne.

— Et là?

— Personne.

— Alors, pourquoi m'a-t-on logé ensemble avec l'autre lieutenant?

— M. Van Bek dort chez le capitaine, mais il a beaucoup d'affaires.

— Et la cale?

— M. Van Bek est le maître.

Je repartis à la recherche de Bob, mais il n'était ni sur le pont ni sur la dunette. Je descendis au poste d'équipage, d'où une puanteur sans nom me chassa aussitôt. J'allai jusqu'à la chambre des machines, exaspéré par cette disparition absurde. Là, je ne trouvai que deux mécaniciens chinois et le capitaine Mauricius en bleu de chauffe. Il frottait délicatement une tubulure. Et toutes les pièces métalliques étincelaient.

Ma surprise fut vive de trouver sur ce bateau un endroit tenu avec soin et je ne pus m'empêcher de le dire au capitaine. J'eus alors un deuxième étonnement : Mauricius sourit avec fierté, avec gentillesse, et dit très doucement :

— C'est un bon petit cargo, vous savez, et il marche plus vite qu'il n'en a l'air. Nous avons rattrapé la moitié du retard d'hier. Vous serez à Shanghaï après-demain à l'heure dite. C'est un bon petit cargo, je vous l'assure.

— Ah! vraiment? demandai-je d'un ton si stupide que j'en fus le premier gêné.

Mauricius reprit son visage indéchiffrable.

Je montai sur le pont. Bob m'y attendait.

— Nous avons joué à ne pas nous rencontrer, ce matin, lui dis-je en riant. D'où sors-tu?

— De notre cabine.

— Naturellement, le seul endroit où...

Je m'arrêtai, saisi tout à coup par une impression que je ne pus définir tout de suite. Il y avait en Bob quelque chose de singulier... mais quoi?

A peine m'étais-je posé la question que la réponse me vint d'elle-même. Bob était en tenue de séduction. Sous les armes. Il portait son plus seyant uniforme. Il était astiqué de frais. Voilà pourquoi il s'était tenu si longtemps enfermé.

Cette toilette poussée n'avait pas dû être facile,

dans notre minuscule refuge. Je passai machinalement la main sur mes joues râpeuses et m'écriai :

— Mais comme tu es beau! C'est pour Sir Archibald?

Bob n'hésitait jamais, ni dans ses réponses ni dans ses actions et, plus qu'à toute autre de ses qualités, j'étais sensible à la rapidité précise de ses réflexes. Pourtant, cette fois, mon camarade balança quelques secondes. Je vis dans ses yeux durs et loyaux passer une expression de mécontentement, de malaise. Elle fut à peine perceptible, mais pour moi décisive : Bob avait dissimulé, Bob ne jouait pas franc jeu avec moi.

J'en fus plus certain encore lorsqu'il dit négligemment :

— Tu sais... On s'ennuie tellement qu'il faut bien tuer le temps.

Je fus réellement malheureux pendant quelques secondes. Le pacte qui nous liait n'admettait pas le secret, encore moins le mensonge. Nous l'avions jusque-là religieusement observé, poussant même, pour être sûrs de n'y pas manquer, la sincérité jusqu'au cynisme. En cela, comme pour l'argent, comme pour le courage physique, je me reposais entièrement sur Bob. Et voilà qu'il n'était plus lui-même.

Aurais-je appris qu'il faisait des économies en cachette que je n'eus pas souffert davantage.

Il dut comprendre ce qui se passait en moi — je ne savais pas du tout commander à ma figure —, car il détourna ses yeux vers la mer éclatante et parut réfléchir.

J'attendis avec anxiété, mais Bob fronça les sourcils et je vis se former autour de ses lèvres

minces un pli inflexible que je connaissais bien.
— Allons prendre un verre! se borna-t-il à dire.
Je refusai.
Il haussa les épaules et reprit :
— A ta guise! Moi, j'ai soif.
Je suis certain que Bob ne fut pas aussi félon à notre pacte de camaraderie que je le crus alors. Il pensa, j'en ai la conviction, qu'il ne retardait pour moi sa découverte que de quelques instants; ensuite, il fut pris à son propre jeu. Mais, ce jour-là, avec l'exaltation propre à mon âge et à ma nature, je me sentis trahi.

Durant tout le déjeuner, qui fut servi peu après, je n'adressai pas la parole à Bob. Je vis qu'il semblait désemparé, qu'il tressaillait chaque fois que le boy malais ouvrait la porte, que, à deux ou trois reprises, il fut sur le point d'interroger le capitaine et qu'il lui fallut un visible effort pour s'en empêcher. Tout cela ne faisait qu'attiser ma curiosité, en même temps que mon amertume. Mais je me serais ébréché la langue d'un coup de dent plutôt que de poser encore une question à celui que je ne considérais plus comme mon camarade.

Il avait démérité : c'était fini. L'intégrité impitoyable de l'extrême jeunesse s'alliait en moi, pour cette exécution intérieure, à une singulière mobilité de sentiments. Et quand je quittai la table, je n'éprouvais plus à l'égard de Bob que de l'indifférence.

Il eut un mouvement vers moi. Peut-être, si je l'eus accueilli, Bob se fût-il délivré d'un secret qui commençait à lui peser. Mais je fis semblant de ne pas remarquer son appel muet. Il demanda cependant :

— Que vas-tu faire ?
— Dormir ! répondis-je brutalement.

Et c'était vrai. En ce temps, par une grâce de la nature, tout ennui, toute déception me donnaient sommeil jusqu'au vertige. C'était une sorte de défense, d'exorcisme.

Je sortis de la pièce sans saluer personne — la grossièreté se gagne vite —, pas même Sir Archibald qui, en présence de Van Bek, observait un craintif silence de chien battu.

Je n'eus qu'à traverser la coursive pour me trouver dans notre cabine.

J'arrachai violemment ma vareuse, mes bottes, et m'étendis. Un instant, j'eus la tentation de me rhabiller, pour surveiller Bob, mais je jugeai indigne de moi le métier d'espion.

« Je lui montrerai, à ce salaud, qu'il y a encore des gens propres, me dis-je, et il ne m'intéresse pas, avec ses mystères de faux témoin — et il sera puni de me perdre comme camarade. »

J'étais en train d'imaginer des circonstances particulièrement dramatiques où ma générosité dédaigneuse accablait Bob, lorsque le sommeil me surprit.

« Qu'est-ce que fait ici ce diablotin jaune ? Pourquoi me tire-t-il si fort le bras ? Pourquoi semble-t-il bouleversé ? Quel besoin a-t-il de crier ? »

Telles furent les premières pensées qui m'assaillirent lorsque je me dressai sur ma couchette. J'étais encore dans les limbes et ne parvenais pas à lier le monde des songes à celui de la veille.

D'un seul coup, tout s'emboîta à la place voulue. J'avais devant moi le mousse de la *Rose de Java* et il me disait :

— Viens... viens vite... Si tu attends, il y aura du malheur...

Les enfants, quand ils sont en état de supplication et d'effroi, ont dans le regard un magnétisme contre lequel il est difficile de se défendre, surtout ceux des primitifs, doués d'une puissance d'expression sans pareille.

Je n'hésitai pas un instant et, tel que j'étais, suivis la petite main crispée sur mon poignet.

Le mousse me fit traverser en courant la salle commune, puis il me lâcha.

Je me trouvai seul en face des deux cabines de tribord. Celle de Sir Archibald était maintenant fermée. L'autre aussi, mais derrière la porte qui frémissait se faisaient entendre des cris étouffés.

J'essayai d'ouvrir. En vain. Cependant, à la résistance élastique, vivante, qu'opposait le panneau de bois, je sentis qu'il n'était pas tenu par une serrure, mais par un être humain.

Je pris mon élan et fonçai. La porte bascula. Je trébuchai sur deux corps qui s'effondrèrent ensemble.

L'un, je le reconnus tout de suite à son uniforme : Bob.

Mon premier réflexe fut de lui venir en aide. Je ne pouvais admettre en effet qu'une pensée : Bob avait surpris un secret dangereux, on l'en voulait punir.

Mais soudain, mon bras, prêt à frapper, devint sans force. L'adversaire de Bob était une femme. Quand je la regardai mieux, mon esprit demeura quelques secondes vide et comme en suspens : la métisse de Kobé...

A quel signe irrécusable fus-je en mesure de l'identifier alors et avec cette sûreté ? Je suis incapable de le dire. Il n'y a que l'instinct charnel pour avoir cette certitude. Rien ne rappelait dans la figure tendue et tordue dans une défense convulsive la hautaine apparition du Grand Hôtel de Kobé, ni la statue d'effroi, ayant pour socle un vieux kourouma agonisant.

Un amas de cheveux noirs répandus en désordre et cachant le visage, un kimono chiffonné, lacéré... des cuisses dénudées... des seins à moitié découverts et haletants : une bête forcée, à bout de souffle, au seuil du viol. Voilà, pourtant, de quels indices me vint en même temps l'assurance la plus ferme et la plus impétueuse colère.

J'étais plus grand, plus large et plus lourd que Bob. La rage me donnait une force anormale.

Je saisis Bob au collet, je l'arrachai d'une secousse au corps qu'il était prêt de mêler au sien, le pris à bras-le-corps, l'emportai dans la coursive et l'envoyai rouler comme un paquet. Sa tête heurta la cloison durement. Il demeura une seconde étourdi. Mais il se reprit et, avec la souplesse et la vivacité d'un chat, il fut sur ses jambes.

La porte de la cabine de la métisse claqua très fort et fut aussitôt verrouillée fiévreusement.

Bob et moi, nous nous regardâmes, lourds d'une respiration également oppressée et d'une haine portée au paroxysme. Il sentit que, musculairement, il aurait le dessous. Ce fut lui qui, cette fois, porta la main vers la poche dans laquelle reposait son revolver.

— Allons, tire! Tire donc! Continue ton beau travail! Tu vois bien que je n'ai pas d'arme.

Ce cri — qui me sauvait — je ne le trouvai pas dans l'instinct de la conservation. Au contraire, je voulais vraiment — oui, je le voulais — que Bob achevât ce que j'estimais sa trahison.

Je voulais entendre les coups de feu, sentir les balles dans mon corps. Je ne pensais pas mourir. A cette époque, rien ne me semblait capable de me tuer. Mais il me fallait un dénouement qui fût, par son intensité, sa sauvagerie, à la mesure de mon exaltation furieuse.

Il est des instants de colère où la crainte devient une notion incompréhensible. Alors subsiste seul un vœu de destruction, de ravage, de catastrophe auxquels on est prêt soi-même à servir d'aliment. Mais rien de pareil n'eut lieu. Bob laissa retomber son bras. Mes paroles de dément avaient dépassé en intensité sa propre démence.

Un homme pris de vin se dessaoule au contact de plus ivre que lui. Bob revint à lui-même en appréhendant ma folie. Alors, une lassitude immense désarma son visage. Elle lui vint, sans nul doute, d'un effort sexuel frustré, mais peut-être aussi et plus profondément de la conscience qu'il prit soudain des abîmes sans gloire où pouvaient choir des garçons qui n'acceptaient d'autre maître que leur bon plaisir.

Un triste sarcasme lui tordit la bouche, il secoua la tête et, de sa voix coupante, mais sur un ton beaucoup plus bas que celui dont il usait à l'ordinaire, il dit :

— Tu es vraiment superbe en défenseur de la vertu!

Bob connaissait la force de son ironie. Elle avait souvent réussi à paralyser mes égarements. Je ne sais pas si, en cette occasion, il avait fait un calcul de ce genre, ou si, plus simplement, il s'était laissé aller à son penchant, mais, pour un instant, il put croire qu'il m'avait dompté une fois de plus. Je restais en effet immobile, silencieux, l'œil rivé à la porte de la métisse. Je venais de penser que je lui étais apparu sans bottes, sans vareuse ni cravate, les pans de ma culotte délacés, échevelé, la barbe pas faite. Je tremblai à l'idée que la jeune femme pouvait sortir chaque seconde, qu'elle allait me surprendre débraillé, ridicule... Et l'autre triompherait qui s'était astiqué en cachette !

Je pris Bob aux épaules et chuchotai :

— On verra qui rira le dernier. En attendant, viens chez nous. Il faut en finir.

Bob se laissa pousser sans résistance jusqu'à notre cabine. L'étroitesse du lieu nous mit face contre face et, tandis que je lui assenais des insultes comme des gifles, je sentais sur ma joue la chaleur de sa respiration.

Que ne fus-je capable de dire, dans cette crise frénétique de confiance bafouée, d'amour-propre meurtri et aussi de jalousie mal consciente d'elle-même !

En un balbutiement désordonné, je rappelai à Bob nos conventions et que je ne les avais jamais transgressées. Elles reposaient sur une franchise réciproque absolue, sans compromission aucune, sans défiance. Et surtout pour les femmes. Nous avions juré, afin d'éviter toute vilenie à ce propos, de ne les assaillir qu'à chances égales. Ne lui avais-je pas raconté tout au long l'affaire du kourouma ? N'avait-il pas avoué que le hasard m'avait donné le pas sur lui ? Et il avait essayé de prendre une revanche clandestine, craintive, honteuse.

— Oui, tu as eu la frousse, la frousse de moi ! criai-je. Tu t'es terré. Tu t'es pommadé pour faire ton petit effet et tu prétends avoir de l'amour-propre ? Et tu as osé me donner des leçons à ce sujet !

A toutes ces invectives, Bob ne répondit rien. Seulement son visage qu'il avait naturellement assez pâle blêmissait à chaque instant davantage. Et moi, malgré son silence, voyant que mes coups portaient, j'en redoublais avec une satisfaction sadique.

Je ne jurerais pas que la conduite de Bob en ce jour fut la seule raison de mon féroce acharnement. Quand j'y songe mieux, je vois qu'il était le fruit d'une humiliation longtemps contenue et une assez basse vengeance.

J'avais trop admiré le sang-froid de Bob, son assurance, la qualité de son ironie et une finesse qui me faisait défaut pour ne pas en avoir conçu à son égard un sentiment d'infériorité. Et puis, il avait quatre ans de plus que moi et me traitait souvent du haut de son expérience. Enfin, c'était lui qui, de sa façon sèche et dure, avait établi les règles du code qui nous régissait. Plus d'une fois, pour des fautes vénielles, il me les avait rappelées. Je fus assez mesquin pour en profiter.

— L'honneur des camarades ! C'est toi qui as trouvé ce mot, c'est bien toi ? L'amour ! L'amitié ! Des blagues ! Il n'y a que la loi de camaraderie que j'admette. C'est une loi d'homme. Qui disait cela, hein ? Ah ! c'est beau... ah ! c'est propre ! De m'avoir épaté avec tes grandes phrases, pour faire maintenant tes petits coups en cachette. Un copain, toi ? Un traître, un voleur ! voilà... voilà ce...

Je ne pus achever. D'un bond que rien ne permettait de prévoir, Bob m'écarta et, ayant ainsi dégagé la porte contre laquelle je me tenais appuyé, disparut.

Je lui criai encore quelques injures vaines, bien que sa fuite, je le sentis moi-même alors, n'eût eu pour objet que d'éviter un combat où l'un de nous eût payé trop cher les mots que je venais de prononcer.

A bout de souffle, à bout de nerfs, je me laissai tomber sur la couchette inférieure. Mais je me rappelai soudain que c'était celle de Bob et me relevai comme brûlé au fer rouge. L'exiguïté de la cabine m'étouffa. J'enfilai mes bottes, jetai sur mes épaules ma vareuse, me précipitai sur le pont.

Le crépuscule des mers d'Orient accueillit ma fureur.

Une buée qui semblait faite du reflet de tous les métaux, de toutes les pierres féeriques, unissait déjà le ciel et le flot, mais la lumière était d'une pureté suprême. Au seuil de la nuit, elle reposait immobile et parfaite sur la mer si calme, si lisse, et tout ce qui passait à travers elle — les étranges poissons volants, les mouettes énormes, les jonques toutes feuillues de voiles — prenait un aspect de songe, de conte ou de mythe.

C'est un phénomène vraiment singulier que je

me souvienne si bien et avec une précision aussi intense de ce spectacle. Il faut admettre que les sens enregistrent d'eux-mêmes une fois pour toutes et peuvent rendre à n'importe quel instant d'une vie leur butin.

Car, dans le soir que je retrouve ici, je ne vis rien, ou plutôt ma vision ne pénétra point jusqu'à moi.

Face au couchant magique, les yeux grands ouverts, et pourtant comme aveugle, je pensais:

« Comment a-t-il pu la découvrir?... Comment?... Comment? »

Bob ne m'a jamais dit le secret de sa trouvaille, mais j'imagine encore aujourd'hui, comme je finis par l'imaginer alors, qu'il devait être assez simple.

Bob s'était levé très tôt, chassé de sa couchette par une des insomnies qui lui étaient familières. Il avait erré sans but à travers le pont, les coursives. L'heure matinale avait rassuré une femme qu'une raison inconnue de nous (peut-être simplement le malaise de mer) tenait recluse. Elle s'était hasardée à quitter sa cabine, ou seulement à ouvrir la porte. Un hasard très banal l'avait mise en présence de Bob. Elle s'était cachée aussitôt. Pour le reste, les mouvements et l'attitude de Bob m'éclairaient suffisamment.

Sa disparition, causée d'abord par un guet inutile, puis par le soin apporté à sa tenue, son impatience à déjeuner, fruit d'une vaine attente, tout s'enchaînait logiquement.

Et après?... Après?...

A cette phase de mes déductions, le sang vint battre mes tempes.

Tandis que je dormais, Bob s'était remis à épier la cabine de la métisse. Le petit Malais, pour un service quelconque, avait ouvert la porte. Bob s'était rué derrière lui.

Je connaissais trop son audace acharnée et cette sorte de démence à froid, par laquelle il dominait les femmes si bien et si souvent. Il en avait joué une fois de plus. Peut-être, sans moi, eût-il encore réussi.

Sans moi... sans moi... certes. Mais il avait eu le temps d'embrasser, de mordre cette bouche dont je portais la forme, la couleur dans ma mémoire sensuelle. Il avait pu dénuder une peau qui me donnait la fièvre, presser contre lui le corps magnifique, en effleurer les plus secrets replis...

Les échardes qui, à cet instant, entrèrent sous mes ongles, me firent remarquer que je déchirais de mes mains le bois du bastingage. Je ne m'arrêtai pas à cette douleur, pourtant cuisante. Le feu qui me brûlait les entrailles avait une autre ardeur.

« Salaud! dis-je tout haut. Salaud! Je te jure bien que je l'aurai avant toi. »

Ces mots vibrant soudain sur le pont désert — le son de ma propre voix... D'un seul coup, j'eus le sentiment profond de mon existence et fus délivré de l'obsession sous laquelle l'image de Bob me tenait.

Sur notre cargo, entre les mêmes cloisons, à la même cadence des machines, soumise aux mêmes jours, aux mêmes nuits que moi, et vers le même port, voyageait la belle métisse de Kobé. De quoi me plaignais-je?

Bob avait joué sa chance. Mal joué. Il avait perdu. La mienne restait intacte.

Une joie brutale m'anima. La métisse allait paraître dès ce soir. La mer était si douce qu'elle ne pouvait effrayer même un enfant peureux. Une cachette éventée n'a plus de charmes. La métisse devait venir.

J'eus un mouvement pour retourner à ma cabine. Il fallait me raser, changer d'uniforme. Mais mon mouvement ne fut qu'ébauché. Allais-je imiter Bob? Ce serait fournir à sa raillerie, même muette, une trop riche revanche. Cependant, pouvais-je me présenter tel que j'étais aux yeux de la métisse?

Je me voyais acculé à une impasse. Quel que fût le parti auquel je m'arrêterais, mon amour-propre allait saigner.

Age heureux ou malheureux — qui saurait le dire — que celui où l'on peut être déchiré par un pareil débat.

L'appel pour le dîner me surprit dans cette incertitude.

Alors, je haussai les épaules violemment, mais sans aucune sincérité, et me dirigeai vers la salle commune.

La métisse ne s'y trouvait pas.

V

A la moitié du repas, Bob se leva.

Malgré le silence épais qui semblait la loi de nos réunions, personne ne tourna la tête vers lui. Van Bek et Mauricius devaient être indifférents à tous nos gestes. Sir Archibald vivait sous l'hypnose terrifiée que lui inspirait le colosse. Pour moi, je voulais rayer Bob du champ de mes préoccupations. Mais j'avais beau faire, je ne pus m'empêcher de voir que Bob était complètement saoul.

Quand il était assis, personne, quelle que fût la quantité d'alcool absorbée par Bob, personne ne pouvait se rendre compte de son degré d'ivresse. La teinte de son visage mat ne changeait pas. Il ne devenait ni plus loquace ni plus taciturne : sa lucidité demeurait intacte, nuancée peut-être d'amertume et de violence. Toutefois, comme à l'état normal elle prenait volontiers ce tour, on ne pouvait être sûr de rien.

C'était debout que Bob se trahissait. Encore fallait-il avoir vécu près de lui pour s'en apercevoir. Sans cela, ses mouvements mesurés, calculés, alors qu'à l'ordinaire ils n'étaient que vivacité et souplesse, eussent paru naturels.

La façon lente et prudente qui fut celle de Bob pour parcourir les quelques mètres entre la table du bar me révéla la vérité. Oui, Bob était ivre, et ivre à tomber.

Il appela durement le mousse, se fit servir un grand verre de cognac rempli jusqu'au bord et ne bougea plus que pour le porter à ses lèvres, d'un mouvement automatique et à intervalles réguliers.

Sans doute les espaçait-il d'après la progression de notre dîner, car, lorsque nous l'eûmes fini, lui, il avait bu son alcool.

Alors, avec un peu plus de précaution encore, il sortit.

Même si j'avais conservé pour Bob un sentiment sans fêlure, je ne me fus pas occupé de lui. Je savais qu'en état d'ivresse — tout au contraire de moi — il ne risquait rien. L'alcool, au lieu de l'exalter, de le pousser à la folie, agissait sur Bob comme un calmant.

Je savais aussi qu'il aimait, dans ce cas, rester seul et jouir de sa quiétude toxique, ainsi que d'une drogue.

Armé d'un ressentiment que la présence de Bob avait fait renaître, je pensais : « Il se fout de tout à présent. Comme c'est commode! Et moi! Que vais-je faire? Me saouler aussi? »

Même aujourd'hui, je ne peux pas, quelle que soit ma joie ou ma tristesse, je ne peux pas boire seul. Il y a pour moi, dans le vin et l'alcool, un principe fraternel, une chaude et puissante vertu, une communion qui exigent la société de camarades ou d'amis. A vingt ans, cette exigence était beaucoup plus impérieuse. Or, je n'avais, pour me servir de compagnon, que Sir Archibald.

Ah! si j'avais pu trouver en cet instant des aviateurs ou des soudards, des aventuriers ou des bandits, comme j'en avais tant rencontrés en route, dans quelle furieuse beuverie ne me serais-je point précipité? On aurait dû m'enchaîner, j'en suis sûr, mais j'aurais oublié Bob et j'aurais oublié la métisse.

Il faut avoir vingt ans, souffrir d'une imagination sensuelle poussée jusqu'à l'hallucination, ne connaître ni frein ni loi, être chaste par force depuis une semaine, sentir autour de soi le mystère d'une femme et d'un bateau sur les mers de Chine, il faut tout cela réuni, pour pouvoir comprendre la crise de fièvre et d'angoisse dont j'étais travaillé.

Le bar, le mousse, Sir Archibald m'étaient également odieux — et ma cabine bien plus encore. Un seul endroit, un seul être concentraient sur eux les feux de mes pensées, de mes désirs.

Sans m'en rendre tout à fait compte, je me trouvai devant la porte de la métisse : elle était strictement close. Je frappai légèrement : nulle réponse.

Je collai mon oreille contre le bois sale : nul bruit.

Quand je me redressai, j'aperçus Van Bek. Il sortait de la salle commune.

Avait-il surpris mon geste? Je ne pus le savoir. Sa faculté diabolique de se déplacer sans bruit permettait de tout supposer.

La coursive était très étroite, et son corps colossal me toucha en passant à ma hauteur. J'eus, à cet instant, l'impression qu'il fut sur le point de m'adresser la parole, ce qui ne lui était pas arrivé depuis que j'avais voulu le frapper. Mais il se domina, ne desserra point ses énormes lèvres molles. Seulement, dans ses yeux noyés par la graisse, dans ses yeux si clairs, presque incolores, il y eut une expression de cruauté sans nom.

Je ne sais pourquoi je m'arc-boutais contre la porte de la métisse, prêt à tout.

Réflexe inutile. Van Bek arriva au bout de la coursive sans se retourner et disparut.

J'allai sur le pont. Le temps que j'y passai, marchant, m'arrêtant, repartant, je ne le mesurai pas.

Parfois, dans une brume pareille à celle qui enveloppait le flot nocturne, et parfois avec une précision douloureuse, je voyais la métisse. Elle était couchée dans sa cellule étroite. Elle ne dormait pas. Ses bras charnus et fins soulevaient sa tête, ses seins étaient à demi nus, comme tout à l'heure, lorsque Bob la tenait sous lui.

Sans doute regrettait-elle cette minute. Elle avait crié, résisté, certes, mais n'était-ce point pour mieux s'abandonner ensuite ? N'avions-nous pas, Bob et moi, pour certitude que toute femme ne demandait qu'à être forcée ?

Un voile passa devant mes yeux. Je m'appuyai une seconde au bastingage.

Soudain, comme si ma vie avait été en jeu, je me précipitai vers la salle commune.

J'avais senti qu'il me fallait un dérivatif, quel qu'il fût et tout de suite. Sans quoi, j'allais enfoncer la porte de la cabine où je *voyais*, je *voyais*, comme si elle avait été devant moi, la métisse attendant, appelant le viol. Alors, aucune force n'aurait pu m'empêcher de saccager ce corps.

Sir Archibald dut me croire atteint de folie. Je le pris aux épaules — dont je sentis les os fragiles à travers le vêtement —, le secouai et criai :

63

— Un poker!... Vite!

— Mais... mais... lieutenant... mais voyons... Nous ne sommes que deux, balbutia-t-il, démonté par mon agression.

Je le secouai plus fort, disant :

— Tant pis! Je veux jouer!

— Et votre camarade?

— Au diable! Je veux jouer sans lui.

Je crois que Sir Archibald, pour assouvir sa passion du jeu, eût accepté comme partenaire un échappé d'asile ou un lépreux. S'il réfléchit quelques instants, ce ne fut point sur mon état, mais sur la manière de s'en servir.

— Le poker à deux n'est pas drôle, lieutenant, dit-il enfin d'un ton doctoral, ni même très correct. Mais aux dés, nous pouvons mesurer notre chance. Cela vous convient-il?

J'aurais risqué une fortune, si je l'avais eue, à pile ou face.

Je commandai au boy de nous donner un cornet, en même temps qu'un mélange de champagne et de whisky.

Pour rendre Sir Archibald muet, je n'ai connu que deux forces : Van Bek et le jeu. Mais tandis que le colosse lui inspirait un silence fait de malaise et de terreur, c'est avec délice que Sir Archibald maniait les instruments du hasard. Sa peau exsangue se colorait légèrement, un frémissement ravi agitait ses lèvres : véritablement, il était en transes.

Nous jouâmes très cher et très tard.

La monotonie des dés et celle de la malchance finirent par me lasser. Je me levai.

— Vous m'excuserez, n'est-ce pas, lieutenant, j'en suis sûr, dit Sir Archibald, qui reprit d'un seul coup sa volubilité maladive, vous me comprendrez aussi, en gentleman que vous êtes, si je me permets d'attirer votre attention sur le fait regrettable mais tout de même certain que vous avez perdu huit cent quarante dollars.

— Vous les aurez à Shanghaï, répondis-je. Vous pouvez être tranquille!

Et je lui montrai ma lettre de change sur le consulat de France.

— C'est parfait, c'est absolument parfait, s'écria Sir Archibald. Le consul est le plus charmant homme du corps diplomatique. Et ici, je n'ai pas besoin d'argent. Mais vous... vous... excusez-moi encore... vous n'oublierez pas à Shanghaï?... Oh! je vous en supplie, ne vous formalisez pas... je sais que vous êtes un gentleman, un vrai gentleman, mais les entraînements de la jeunesse... Oui, oui, j'ai toute confiance, mais je voudrais tellement avoir un peu d'argent à moi.

Il avait baissé la voix pour dire les derniers mots et je sentis en eux une humble sincérité.

Elle me toucha. J'éprouvai une amitié fugitive, mais certaine, pour ce petit homme alcoolique aux bonnes manières et qui vivait, on ne savait pourquoi, tantôt dans l'exaltation, tantôt dans l'épouvante. Et puis, la trahison de Bob me privait d'un confident.

— Sir Archibald, lui dis-je, confiance pour confiance. Je vais vous faire part d'une découverte : il y a une femme à bord.

Je pris pour de la surprise l'expression d'égarement qui pétrifia son visage et je poursuivis :

— Et quelle femme! Une merveille!... C'est une métisse.

— Non, non, cria soudain Sir Archibald.

Sa bouche tordue, ses bras agités de secousses, me firent redouter une attaque de *delirium tremens*.

D'une voix suraiguë, hystérique, il acheva :

— Je vous... je vous défends... Elle est à moi. Elle est à moi !

Et il s'enfuit.

Il me fallut bien retourner à notre cabine.

Là, Bob était assis, tout habillé, sur sa couchette.

A son regard, posé fixement sur moi, je vis qu'il m'attendait et qu'il m'aurait attendu si cela eût été nécessaire, sans bouger, jusqu'à l'aube.

— Je me suis conduit comme il m'a plu, fit-il très lentement et d'une voix sans timbre. Nous n'avons plus rien de commun. Nous n'aurons jamais plus rien de commun. Mais je veux te dire que je t'aiderai, à n'importe quel prix, pour que tu couches avec la métisse. Dispose de moi comme tu voudras. Voilà. C'est tout.

Il s'étendit et coupa la lumière.

Je me déshabillai dans l'obscurité.

VI

J'étais seul, en train de me peigner avec soin (ce matin-là, je le pouvais sans combattre avec moi-même), lorsque le mousse malais entra dans ma cabine. Son regard d'animal intelligent et attentif alla gravement de mes joues rasées, poudrées, à mes cheveux brillants d'un lustre tout frais, à mon uniforme noir, galonné de bandes rouges aux culottes, que j'estimais le plus seyant.

— Qu'est-ce que tu veux, mon petit? lui demandai-je, aussi doucement que cela m'était possible, car je sentais un ami dans l'enfant.

Il hésita.

Je dis encore :

— Allons, parle. N'aie pas peur! Tout ce que je peux, je le ferai pour toi.

Le boy fixa sur mon visage des yeux qui peu à peu et pour ainsi dire goutte à goutte s'emplirent d'une supplication intense. Enfin, il murmura :

— Oublie la femme métisse.

— Qu'est-ce que tu dis? m'écriai-je.

D'une voix plus forte, plus insistante, le mousse répéta :

— Oublie la femme métisse!

Chose singulière, je n'eus pas envie de rire. C'était pourtant bien la première fois qu'un enfant intervenait dans mes affaires d'amour. Mais l'imploration du mince visage et du petit corps tendu dans ses loques était si intense que je pris le mousse au sérieux.

— Tu veux que je ne pense plus à la femme de la cabine, demandai-je pensivement, que je ne cherche pas à la voir, que je ne lui parle pas si je la rencontre ?

A chacune de mes questions, le mousse acquiesçait, sans me quitter du regard.

— Et pourquoi ?

Je n'ai jamais vu le sens d'une figure changer avec autant de rapidité. Confiante, amicale et respirant le dévouement absolu une seconde auparavant, celle du mousse se verrouilla, se mura d'un seul coup. Les traits, les yeux, les mouvements, tout me devint étranger, impénétrable.

— Je ne sais rien, dit le petit Malais, seulement, je te prie, pour ton bien, oublie la femme métisse.

Un instant, je pensai à l'interroger sur le nom, la qualité, l'origine de l'inconnue, mais cette enquête auprès d'un enfant qui était à mon service me parut dégradante.

Quoi qu'on fasse, on a toujours une morale. La mienne, qui me permettait tant d'excès et de passe-droits, avait des scrupules imprévus.

Je voulus même rassurer le mousse.

— Tu peux être tranquille, lui dis-je. La femme métisse ne sort pas de sa cabine.

Il répliqua d'un air soucieux :

— Elle est sur le pont.

— Sur le pont? m'écriai-je. C'est de cela que tu avais peur? Merci, mon fils, merci!

Dans ma joie, je pris l'enfant par les épaules (il était terriblement léger) et le jetai deux ou trois fois en l'air.

Quand je le reposai sur le plancher de la cabine, il voulut parler, crier. Je lui fermai, en riant, la bouche de ma main.

Je les découvris à bâbord, tournés vers la mer. Sir Archibald avait remonté frileusement son manteau jusqu'aux oreilles. Elle, au contraire, ne portait qu'une blouse de soie blanche échancrée à la nuque.

La façon dont elle tenait la tête montrait qu'elle offrait franchement son visage, pour moi invisible, au froid vif, à l'embrun mordant.

« Ce n'est donc pas le mal de mer qui la tenait enfermée, pensai-je. Il n'y a jamais eu tant de houle qu'aujourd'hui! »

Puis je me rappelai le cri de Sir Archibald, la veille :

— Elle est à moi! Elle est à moi!

Je ne m'étais guère arrêté à ce glapissement. Tout ce que faisait ou disait Sir Archibald me semblait tenir du délire, de la mythomanie alcooliques. Et voilà que ces divagations semblaient fondées.

« Son amant! me dis-je. Il l'entretient... oui... son amant! Et naturellement jaloux comme tous les vieux. »

Moi, je ne l'étais point de ce genre de protecteurs et leurs largesses ne diminuaient pas à mes yeux celles qui en étaient les objets. Je trouvais parfaitement naturel qu'une belle et saine créature fît payer largement les faveurs qu'elle accordait à la laideur ou à la sénilité. Des deux, elle me semblait la plus honnête.

En vérité, je me réjouis même de cette liaison. La métisse m'en parut plus accessible. Bien que mon expérience fût courte, elle m'avait déjà enseigné que, pour un jeune soupirant, le meilleur interprète auprès d'une jeune femme est le barbon ridicule qui prétend la tyranniser. Or, c'était le rôle évident de Sir Archibald auprès d'elle. Il la cachait à tous les regards, la cloîtrait et si, en ce moment, elle prenait un peu l'air, ce devait être contre son gré. N'agitait-il pas les bras avec violence? Ne se haussait-il pas sur la pointe des pieds, pour lui crier au visage des invectives dont le vent m'apportait sinon les paroles, du moins le sens?

Et c'est par crainte de ce vieil épouvantail que le petit Malais avait voulu me retenir? Pauvre gosse!...

Ni la métisse, ni Sir Archibald ne m'entendirent approcher.

Je donnais une légère tape sur le dos de Sir Archibald et lui dis :

— Cher ami, voulez-vous avoir l'obligeance de me présenter à Madame?

Est-ce l'étonnement qui força Sir Archibald à m'obéir, ou le ton cérémonieux que j'avais pris d'instinct et qui avait sur sa manie de dignité un pouvoir irrésistible? Il s'exécuta d'une voix mécanique, très sourde et qui, par contraste avec le timbre aigu qui, à l'ordinaire, était le sien, semblait usée jusqu'à la corde.

Puis, plus bas encore, et hésitant, trébuchant sur les deux mots, il ajouta :

— Et voici miss... oui... miss Florence...

On eût dit qu'il voulait continuer. Pourtant, il s'arrêta. Il était à bout de nerfs.

Ses transes de maniaque jaloux m'eussent fait rire si j'avais eu le loisir de m'en occuper. Mais il s'agissait bien de Sir Archibald !

La métisse, Florence, était là, devant moi, à portée de mon bras. Je ne l'avais jamais vue vraiment. A Kobé, dans la salle à manger de l'hôtel, elle n'avait fait que passer. Quand le vieux tireur de pousse l'avait emmenée, j'avais seulement aperçu par intervalles son profil secoué à la cadence de la voiturette. Sur la pente qui avait failli lui être fatale, ses traits s'étaient décomposés sous l'action de la terreur. Et quand je l'avais délivrée de Bob, dans la cabine de la *Rose de Java*, elle offrait l'image d'une fille violentée.

Or, maintenant, presque à toucher le mien, respirait le visage de Florence, qu'un ciel marin, balayé par la bise, éclairait de sa lumière brillante et sincère.

Cet éclairage eût été sans miséricorde pour une chair moins parfaite. Elle donnait au contraire sa pleine valeur, son sens véritable à une peau, couleur d'ivoire foncé, qui, par la finesse et la douceur, semblait un mélange de fleur et de soie. Le dessin des narines et des lèvres faisait songer au charme des jeunes bêtes voluptueuses, mais il y avait dans le front lisse et noble, au fond des grands yeux noirs qui fuyaient légèrement vers les tempes, une immobile gravité d'idole.

Florence ne répondit rien aux paroles de Sir

Archibald, ni à celles de banale politesse que je prononçai. Mais je n'avais nul besoin de l'entendre. Pour l'instant, la contemplation de son visage me suffisait.

Si le terme « dévorer du regard » eut un sens dans ma vie, ce fut bien ce matin-là. Mes yeux, en même temps éblouis et affamés, se nourrissaient, se repaissaient de la magnifique substance vivante qui leur était offerte.

La métisse supporta mon avide et brutal examen, sans changer d'expression, sans remuer d'une ligne son corps long, riche et flexible. Elle ne parut point me reconnaître. Elle ne parut point remarquer l'insistance, l'indécence de ma convoitise. Soutenant mon regard sans ciller, elle ne semblait pas me voir.

Était-ce la même créature que celle dont j'avais découvert la bouche convulsée et les cuisses dénudées sur le plancher de sa cabine; celle qui déjà cédait à l'assaut de Bob?

Il y avait dans l'image qui mêlait en une seule ces deux femmes, une terrible puissance érotique et je dus fermer un instant les yeux, pour m'empêcher de mordre aux lèvres closes de Florence. Mais il me fut impossible de résister entièrement à cet appel des sens.

Je pris la main que la métisse tenait toujours posée sur le bastingage et l'embrassai au creux de la paume. Elle ne fut ni retirée, ni abandonnée, mais devint froide, glacée. La chair de Florence ne révélait rien de plus que son visage. C'est pourquoi j'abandonnai cette main morte et non pas à cause de la clameur stridente que poussa soudain Sir Archibald.

— Assez! Assez!

Je le laissai entraîner Florence.

La défaillance de mon désir ne dura toutefois qu'une seconde. Je voulus me jeter à la poursuite du couple singulier. Une masse humaine s'interposa entre lui et moi.

D'où et comment Van Bek avait-il surgi? Et pourquoi me considérait-il avec une haine si lourde, lui, dont le visage semblait à l'ordinaire incapable d'exprimer un sentiment?

Tandis que je me posais ces questions, une porte claqua à tribord.

Van Bek poursuivit son chemin vers la dunette.

Bob était saoul de nouveau. Pour être arrivé à cet état d'euphorie à l'heure du déjeuner, il avait dû commencer à boire dès le matin. En ce temps, à cause de notre intégrité physique et notre entraînement à l'alcool, l'ivresse ne nous accordait pas facilement ses béatitudes.

Je trouvai Bob assis à ma place. D'un autre, j'aurais pu croire qu'il s'était trompé, mais je l'ai déjà dit, plus Bob était saoul et plus il avait l'œil juste.

Je l'interrogeai brièvement sur la raison qui l'avait fait agir ainsi.

— Imbécile! murmura Bob, sans aucune malveillance, mais sans s'expliquer davantage.

Il se faisait remplir un nouveau verre de cognac, lorsque arrivèrent Mauricius et Van Bek.

Seulement alors je remarquai près de la place habituelle de Bob un nouveau couvert : celui de Florence. J'allais être son voisin.

Bob commençait à jouer le rôle qu'il s'était engagé à tenir. Je me demandai un instant si cela convenait à ma dignité. Mais, au bras de Sir Archibald, Florence parut. Je ne discutai plus la complicité de Bob.

Quand ils virent que la métisse allait s'asseoir près de moi, j'eus l'impression que Sir Archibald et Van Bek eurent le même mouvement pour l'en empêcher. Mais elle fit semblant de ne pas s'en apercevoir et, d'un pas rapide qui prévenait toute tentative contraire, vint occuper le bout de la table qui lui était destiné, en face du capitaine Mauricius. Celui-ci, sans s'approcher, salua Florence d'un signe de tête négligent. Van Bek, lui, s'assit avec un grognement sourd. Cependant, pour une seconde, quelque chose qui ressemblait à une expression humaine avait flotté sur les couches de graisse et de peau livide qui composaient son visage.

Et le repas se déroula dans le silence, comme toujours. Mais ce silence que, à l'ordinaire, je supportais sans difficulté, il me parut cette fois inacceptable. Et non seulement parce qu'il était absurde, impossible d'engager une conversation avec la métisse à cette table de muets, mais aussi, mais surtout, parce que j'eus la certitude d'un jeu pesant et obscur qui se passait de paroles et dont la métisse formait le nœud. Je fus sûr que Mauricius, que Van Bek connaissaient Florence aussi bien qu'ils connaissaient Sir Archibald. Pour eux, elle n'était pas une simple passagère embarquée au hasard d'une traversée. Une trame serrée, complexe, subtile, liait entre eux ces quatre personnages. On le sentait, le devinait, le percevait physiquement aux expressions, aux effluves des visages que j'avais toujours vus, pendant nos réunions, indifférents ou impassibles.

Mauricius montrait un front soucieux. Chez Van Bek, il y avait un singulier mélange de soumission et de violence. Quant à Sir Archibald, on eût dit un jouet mécanique déréglé : sans cesse, et par brusques soubresauts, sa tête pivotait tantôt vers le colosse, tantôt vers moi, tantôt vers la métisse.

Elle était la seule dont le comportement ne se fût pas modifié. Ou, peut-être, je n'avais pas assez l'expérience de sa figure pour pouvoir déceler sur elle un changement. Mais qui donc eût été capable de déchiffrer le sens exact de ces traits ciselés dans une merveilleuse matière, de ces sombres yeux au brillant immobile ?

Bob s'était fait apporter un autre verre de cognac. Il l'éleva un peu au-dessus de la table et dit tranquillement :

— Je bois à la plus belle fille des mers de Chine !

Il avala son alcool d'un trait, ainsi que nous l'avaient appris à faire en Sibérie les cosaques de l'ataman Semenoff.

Sir Archibald tressaillit si fort que toute la table trembla. Van Bek hocha doucement le menton. Il me sembla qu'une onde rose à peine perceptible parcourut les joues de la métisse. Sans doute se souvenait-elle de l'attaque de Bob.

Alors, je ne pus supporter la pensée que chacun des hommes qui entouraient Florence, chacun sauf moi, eût un droit secret sur cette créature que je voulais de toutes mes forces. Je glissai ma main gauche sous la nappe et la posai rudement sur la jambe de la métisse.

Eut-elle peur de provoquer un éclat ? L'étonnement la priva-t-elle de toute réaction ? Je ne sais. Mais elle montra, cette fois encore, l'extraordinaire contrôle qu'elle avait de ses nerfs, de ses muscles. Rien en elle ne bougea et je fus pendant quelques secondes le maître d'un genou rond et poli, je sentis s'évaser sous mes doigts la douce et tiède naissance de la cuisse.

Soudain, Florence se leva. Au même instant, je vis que Van Bek tirait à lui la nappe.

Que serait-il advenu si l'on m'avait surpris ? Je crois vraiment que Sir Archibald, malgré sa faiblesse physique, se fût jeté sur moi, car, même sans preuve, il esquissa ce mouvement. Puis, il saisit Florence par le poignet et la traîna hors de la salle.

— Vous me devez un cognac, dit Bob au colosse.

Et, sans s'adresser à personne, il ajouta, réfléchissant tout haut :

— Rien de plus maladroit qu'un monstre jaloux.

Van Bek parla à Mauricius *en anglais*, c'est-à-dire pour que nous le comprenions.

— Je vous l'ai répété souvent, déclara-t-il. Je ne voulais pas de passagers pour ce voyage. S'il arrive des malheurs sur ce bateau, prenez-vous-en à votre avarice !

Il but un grand verre d'eau — le capitaine et lui étaient très sobres.

Le mousse ramassait les débris de vaisselle.

VII

La nuit était tombée. Dans le cours de l'après-midi, j'avais longé vingt fois les coursives visqueuses de la *Rose de Java*, pour passer devant la cabine de Florence. Mais j'avais toujours trouvé Sir Archibald sur le seuil de la sienne, et les yeux fixés sur la porte derrière laquelle il avait enfermé la métisse. Il tenait ostensiblement un browning.

Ni lui ni son arme ne m'effrayaient. Il tremblait si fort qu'il m'eût manqué à bout portant. Ce que je redoutais de sa part c'était une crise, le bruit, le scandale et, en présence de Florence, le burlesque d'une scène qui m'aurait enlevé toute chance de réussite. Sans compter l'intervention de Van Bek...

Celui-là, je l'avais rencontré beaucoup plus souvent qu'à l'ordinaire dans mes déplacements. Il était accompagné, tantôt de Mauricius, tantôt du scribe chinois ou de matelots jaunes aux épaules de portefaix. Tous semblaient très affairés. Leur va-et-vient incessant les menait de l'entrepont à la dunette et de la dunette à l'entrepont. Les uns descendaient avec des piles de sacs, les autres remontaient avec des liasses de papiers couverts de chiffres...

Ces manœuvres me firent soudain comprendre toute l'importance qu'avait prise pour moi une femme dont je ne connaissais même pas la voix. A la poursuivre en vain, j'avais oublié le compte des jours. L'agitation de l'état-major et de l'équipage de la *Rose de Java* me rappelait que le lendemain le cargo mouillerait devant un quai de Shanghaï.

Qu'il était loin le souhait que j'avais fait, quand nous avions quitté Kobé, d'arriver au plus vite ! Maintenant je me disais que les heures étaient mesurées, que je n'avais pas un instant à perdre, si je voulais que Florence fût à moi ; car, la nuit écoulée, nous serions dans une ville immense, dans une fourmilière où nos pas n'auraient plus l'occasion de se croiser. Et ces minutes si précieuses, les dernières accordées à mon désir, je les sentais fuir une à une, stériles, pour moi, impuissant.

Je retournais à la cabine de la métisse, je retrouvais Sir Archibald en faction. Il agitait ridiculement son revolver. Et je revenais sur le pont et je l'arpentais à grands pas et aspirais l'air humide par gorgées profondes, pour essayer de calmer mon impatience et mon anxiété.

Une de ces promenades fiévreuses me jeta contre Bob. Il débouchait d'un escalier qui montait des soutes et trébucha plus fort que ne le comportait normalement notre collision. Sur le coup, j'attribuai son déséquilibre à l'ivresse. Mais je vis aussitôt que je me trompais.

Bob portait sur le front un mouchoir roulé en bandeau et maculé de taches rouges.

Même quand on a rompu avec un camarade, la vue de son sang a de quoi émouvoir. Je demandai :

— C'est sérieux ?
— Ça aurait pu l'être ! fit Bob.
— Raconte.
— Je me suis promené dans un mauvais coin, voilà tout.
— Où ?
— La cale.
— Pourquoi ?
— Laisse-moi boire un verre.

Il me fallut patienter jusqu'au moment où le mousse eut servi trois doses de cognac à Bob, l'une après l'autre. Il dit alors :

— Vous n'êtes pas drôles sur cette poubelle, mais pas du tout ! Boire ? Il y a tout de même une limite, si l'on est seul. Quand on ne s'amuse pas, il faut chercher à s'instruire. J'ai été voir les machines, puis les soutes. Là, il y avait du mouvement. Je me suis couché entre deux ballots de riz, pour observer sans fatigue. Le riz, c'est mou, c'est assez confortable. J'étais bien. Je me suis endormi. Ils m'ont réveillé par un tintamarre de coups de marteau : des Chinois qui ouvraient une caisse. D'autres Chinois tenaient des sacs, de curieux sacs... caoutchoutés.

Je me souvins alors que j'avais vu transporter ces sacs vers les profondeurs du cargo et que, absorbé par ma chasse à Florence, je n'y avais pas prêté attention.

— Ces Chinois faisaient passer le contenu des caisses dans les sacs, poursuivit Bob. Et le contenu, jeune homme, c'étaient des fusils et des mitrailleuses en pièces détachées. Voilà !

Bob me regarda très satisfait, comme aurait pu

l'être un mathématicien qui finit de démontrer un problème, et conclut :

— Ils étaient tous d'accord.
— Qui ? demandai-je impatiemment.
— Tu es trop sobre. Tes associations d'idées ne sont pas au point. Par *ils*, je veux dire naturellement Van Bek et Mauricius, mais aussi les douaniers, les gendarmes de Kobé et aussi la vieille momie qui est venue donner sa bénédiction à toute cette pacotille de guerre au moment du départ, tu te souviens ?

Je n'avais qu'à m'incliner devant la logique alcoolisée de Bob : les autorités japonaises étaient complices de la contrebande d'armes pratiquée sur la *Rose de Java*.

Je n'avais alors qu'une vague notion du jeu souterrain qui se menait en Chine et dont on a vu depuis le tragique développement; mais il était évident que notre bateau formait un des minuscules maillons d'une entreprise immense.

Les combinaisons politiques, même si elles devaient bouleverser des peuples, parlaient peu en ce temps à mon imagination.

Je touchai le pansement sommaire de Bob :
— Et ça ? demandai-je.
— Ah ça... fit-il, oui... je crois bien qu'en me rappelant le vieux Japonais desséché et comment nous espérions qu'il ferait mettre les menottes à Mauricius, je crois bien que je me suis mis à rire tout haut. Alors, une caisse m'est tombée sur la tête, sur le coin seulement, sans quoi je n'aurais pas pu signaler que j'étais armé et, avec leurs marteaux, ils auraient achevé l'accident... Fourvoyé dans la cale... un chargement mal arrimé...

les regrets des anges gardiens de la *Rose de Java* et le consul de France à Shanghaï n'aurait rien eu à dire : c'était en ordre.

— Tu ne souffres pas ?

— Non. Je me suis fait un pansement au cognac. Je suis raisonnable. Pas de mélange... pas de mélange.

Cependant, le mousse avait dressé la table. Il n'y avait que deux couverts.

— Pour toi et l'autre officier! me dit l'enfant.

— Van Bek et le capitaine sont trop occupés, observa Bob.

— Mais Sir Archibald? demandai-je.

— Mange dans sa chambre, expliqua le petit Malais.

— Et... et miss Florence ?

— Aussi.

— Je dîne au cognac tout de même, déclara Bob. A Shanghaï, la France paiera.

Il s'allongea sur deux chaises et soupira :

— Les Romains qui prenaient leurs repas couchés savaient vivre.

Le mousse commença de nous servir.

Dissipée un instant par le récit que m'avait fait Bob de son aventure, l'obsession de Florence m'envahit de nouveau. La métisse était là, à quelques mètres, gardée par un fantoche et par un panneau de bois dont j'avais éprouvé la fragilité. Et je ne pouvais rien. Si mon désir seul eût été en cause, sans doute n'aurais-je pas vraiment souffert, mais l'amour-propre, la vanité juvéniles me brûlaient de leurs feux intolérables. Et surtout, je savais par expérience que le souvenir d'une occasion manquée serait pour moi une longue et tenace torture.

Bob dit avec beaucoup de calme :

— J'espère que tu vas profiter de leur travail de contrebande.

Je demandai, interdit :

— Pourquoi ? Qu'est-ce que ?...

— Ça te facilite les choses pour la belle fille, non ? poursuivit Bob du même ton uni.

Il me fallut quelque temps pour lui répondre. Le souci qu'il prenait de mes intérêts auprès de Florence me gênait affreusement. J'étais assez orgueilleux pour vouloir courir tout seul ma chance. De plus, la volonté de rachat que montrait Bob était anormale, monstrueuse. Quel effort devait lui coûter une pareille complicité !

— Écoute, Bob, lui dis-je. Ne te force pas et si même...

Il m'interrompit net :

— Me forcer ? Moi ? Mais je ne saurais pas, voyons, mon pauvre vieux !

Il avait une intonation et un regard si sincères que je ne pus douter de lui.

— Mais... mais... demandai-je sottement. Ça ne te fait plus rien, si je couche avec Florence ?

— Oh ! les femmes, dit-il... même les plus belles...

Le mouvement des épaules, le pli de la bouche et la façon dont il but un nouveau verre me firent entendre, mieux que n'importe quelle parole, le sens qu'il entendait donner à sa phrase. Je me rappelai ce que l'on disait des effets de l'opium sur certains hommes et le dédain où ils tenaient, en état d'euphorie, le désir charnel. Chez Bob, la démesure dans l'ivresse avait la même influence. J'avais peine à le croire : l'alcool, au contraire, était pour moi un stimulant érotique presque insupportable. Mais il me fallut bien admettre qu'il apportait à Bob la quiétude des sens. Et je sus enfin qu'il s'était mis à boire instinctivement par réflexe de sécurité. Puisqu'il avait à racheter ce que j'appelais sa trahison, il s'était placé dans les conditions les plus favorables pour payer ce tribut.

— Bob, tu es un original ! lui dis-je.

J'avais parlé d'un ton froid, détaché. En vérité, j'étais plein d'admiration pour un homme qui savait si bien gouverner ses penchants.

Et, même, j'étais prêt à oublier sa félonie. A retrouver en lui un camarade. Je n'attendais pour cela qu'un mot, un mot d'excuse, un mot qui me demandât pardon. Car, tout de même, je ne pouvais pas renoncer sans cette compensation à ma situation privilégiée de justicier.

J'étais à l'époque un bien pauvre psychologue. Bob aussi. Ayant payé, il m'estimait, lui, son obligé. Pour renouer avec moi, il attendait, lui, un mot de remerciement.

Naturellement, d'une part comme de l'autre, le mot ne fut pas prononcé.

Bob m'accompagna sur le pont. Malgré tout, un peu de franchise était revenue dans nos rapports, et nous n'éprouvions plus le besoin de nous fuir.

Bob avait emporté un verre de cognac. Moi

aussi. Nous buvions à petites gorgées, sans parler, face à la mer. Elle était complètement invisible. Une sorte de taie humide et gluante suintait de sa surface et bouchait l'horizon à quelques mètres.

La *Rose de Java* avançait avec lenteur à travers de molles ténèbres.

Et cette lenteur me rappelait sans cesse que nous approchions du but.

« Il faut tout de même que je fasse quelque chose. Il le faut! Il le faut! »

Voilà ce que je me répétais intérieurement, comme un maniaque, mais sans trouver de solution à mon désir croissant.

Bob dit à voix très basse :

— Écoute!

Je prêtai l'oreille et crus, également, percevoir un bruit singulier. Il venait d'un coin dissimulé par l'escalier qui menait à la dunette et enveloppé d'une ombre que le temps, brumeux à l'extrême, rendait impénétrable.

Ce bruit ressemblait en même temps à un grincement et à une plainte.

Étouffant la résonance de nos pas, nous contournâmes l'escalier, chacun d'un côté différent.

Une forme humaine était là, accroupie sous les premières marches. Je ne sais quel mouvement d'épaules me la fit reconnaître.

— Sir Archibald! m'écriai-je.

— Taisez-vous, au nom du ciel, taisez-vous! supplia le vieil Anglais. Je... je...

Des sanglots l'arrêtèrent.

Pour ne pas l'effaroucher, Bob murmura à son oreille :

— Que se passe-t-il, vieil homme? Qu'est-ce

que vous avez à pleurer depuis un moment ? Vous pouvez me le dire à moi, je suis un gentleman et un ami.

— Il... il... m'a interdit d'aller dans la salle à manger, gémit Sir Archibald. Il m'a interdit de boire. Il... il me traite comme un esclave, c'est indigne ... c'est... c'est monstrueux... monstrueux... moi qui...

Les larmes, les hoquets l'étouffèrent de nouveau.

Même ainsi, même prostré par le désespoir, Sir Archibald ne m'inspira pas de pitié. Certes, elle était difficile à obtenir de nos cœurs à la fois trop jeunes et trop endurcis. Mais je pense qu'un être doué d'une sensibilité normale n'eût pas été capable, lui non plus, d'éprouver à l'égard de Sir Archibald autre chose qu'une curiosité mêlée de répugnance. Sa douleur même avait, comme toutes ses attitudes, un aspect artificiel, dégradé, risible.

Les sanglots sortaient de sa gorge avec un son de serrure rouillée. Sa voix se brisait sur des notes suraiguës d'un pathétique faux. On eût dit un acteur de mauvais aloi.

— Il me punit. Il ose me punir, la brute, glapit soudain Sir Archibald.

— Qui donc ? demandai-je avec impatience.

Je savais très bien l'homme que désignait Sir Archibald. Mais je voulais le faire revenir à la notion du réel. J'y réussis. Il murmura dans un souffle :

— Van Bek.

— Et de quel crime ?

C'était Bob qui avait posé la question. Ce fut à moi que Sir Archibald répondit.

— Est-ce que cela vous regarde ? s'écria-t-il. Ai-je à vous rendre des comptes ? De quel droit m'interrogez-vous ?

Une brusque fureur sénile l'avait redressé. Ses mains s'agrippèrent à la lanière de cuir de mon baudrier. Je sentis bien que ce n'était pas leur force qui me secouait, mais leur tremblement spasmodique.

— Tout est de votre faute ! continua Sir Archibald. Tout ! Tout ! Je vous hais ! Vous ne pouvez pas savoir combien ! Autant que je hais Van Bek.

Ce nom, malgré son exaltation, fit revenir Sir Archibald à la prudence. Il baissa la voix, jusqu'à un balbutiement tout à fait incompréhensible.

— Allons. Buvez un coup ! ordonna brutalement Bob.

Et il poussa son verre à moitié plein entre les dents de Sir Archibald. Celles-ci grelottèrent si fort contre la paroi du récipient que je le crus un instant brisé. Mais sur la *Rose de Java*, la vaisselle était épaisse et solide.

Sir Archibald avala le cognac jusqu'à la dernière goutte.

— Donne le tien ! recommanda Bob.

Je tendis machinalement mon verre à Sir Archibald. Il but goulûment.

— Vous vous sentez mieux ? lui demanda Bob.

— Oui... un peu... un peu... Merci... Mais vraiment ce n'est pas assez.

— Occupe-toi du ravitaillement et que le petit Malais ne fasse pas d'histoires. C'est pour moi. Ta présence n'est plus nécessaire. Tu as compris ?

J'avais compris.

Pourvu que Sir Archibald eût de l'alcool à sa soif, il ne bougerait pas.

D'un élan, je fus au bar et dis au mousse :

— Tu vas porter sur le pont, derrière l'escalier, une bouteille de cognac pour mon camarade et vite.

— Je le ferai.

— Attends, ce n'est pas tout. Il me faut tout de suite la clef de la cabine 3. Ne réponds rien, c'est inutile, il me la faut, sinon j'enfonce la porte. Personne au monde ne m'en empêchera. S'il arrive malheur, tu l'auras voulu.

J'entendis l'enfant murmurer quelques mots malais. Je n'en distinguai qu'un :

— Amok.

Le mousse me donna la clef.

VIII

Florence m'attendait. Je ne trouve pas d'autre terme pour dire son attitude. Elle se tenait juste derrière la porte, si bien que, poussant celle-ci, je forçai la métisse, cachée par le battant, à reculer, et que, pour une seconde, elle fut dérobée à ma vue. Je crus la cabine vide. Je me souviens encore du mouvement furieux qui me fit rabattre la porte. Je découvris alors Florence et je sus qu'elle m'attendait.

Elle ne montra ni effroi ni surprise. Elle était préparée à ma venue. Pourtant, dans la serrure facile, j'avais tourné la clef sans aucun bruit, comme un voleur. Ce n'est pas ainsi qu'elle avait pu être avertie. Sa prémonition, à coup sûr, était tout intérieure.

Depuis combien d'heures guettait-elle debout, immobile, ses beaux bras croisés autour du cou et telle en un mot que je l'aperçus ?

Je pensais la surprendre : elle me déconcerta.

Son vêtement même, un long peignoir de soie épaisse et blanche, la laissait désarmée. Cependant, elle n'eut pas un geste de défense. Elle ne fit qu'un mouvement : ses bras se déplièrent et vinrent s'abattre le long de ses flancs avec une lenteur noble et sensuelle.

Vraiment, j'eus peur de voir Florence m'échapper par quelque imprévisible sortilège. Qui, à ma place, n'eût pas redouté pareille évasion, devant tant d'assurance, de sécurité, de silence ?

Mais je n'étais pas fait pour la réflexion et l'incertitude. De toute manière, la situation ne m'en donnait pas le loisir. A chaque instant, Sir Archibald, inquiet de mon absence, pouvait survenir, ameuter l'équipage.

Au cours de l'interminable après-midi, j'avais eu le temps de construire les plans les plus divers. L'un d'eux, simple et rapide à exécuter, m'avait paru le meilleur.

Je lançai mon manteau sur les épaules de la métisse et lui commandai :

— Venez !

Florence ne bougea pas.

Je la soulevai d'un seul coup et chuchotai à son oreille :

— Si vous poussez un cri, je vous bâillonne !

Et je l'aurais fait, sans aucun doute. Amené par moi-même à une situation dont l'issue pouvait être obtenue seulement par la violence, je me fus déshonoré à mes propres yeux si, cette violence, je ne l'avais pas poussée jusqu'au bout.

Florence ne m'y força point. Je n'entendis d'elle ni une plainte ni un soupir, cependant que je me dirigeais vivement vers le canot de sauvetage, déposé le long du bastingage. J'y fis glisser Florence à bout de bras. Je sautai auprès d'elle. La métisse ne bougeait toujours pas. Elle gisait, comme elle s'était laissé porter, sans un mouvement. Ce manque de réflexe, cette insensibilité absolue, avaient quelque chose d'inhumain.

Un instant, je pensai que, née et élevée en esclave, Florence m'acceptait comme elle acceptait Sir Archibald, et pour cet instant elle perdit tout prix à mes yeux. Mais aussitôt le souvenir me revint de sa cruauté avec le vieux tireur de pousse, de sa lutte désespérée contre Bob. Une fois de plus, je renonçai à comprendre cette fille.

Elle était contre moi maintenant, étroitement pressée par le flanc du petit canot. Mon manteau avait glissé. Dans la pénombre brumeuse, le visage de Florence et le haut de son peignoir se confondaient en une même ligne pâle.

Il faisait froid, humide. Je savais que, sous la soie, le corps de la métisse était nu, mais elle ne frissonnait pas. On eût dit que rien, ni de l'intérieur, ni du dehors, ne pouvait avoir prise sur elle.

Tout à coup, j'entendis sa voix, sa voix qui jusqu'alors m'était demeurée inconnue. Elle était nette, douce et lente. La rauque fêlure orientale la marquait à peine et semblait l'accompagnement fugitif d'un instrument voilé. Et, s'exprimant *en français*, cette voix me dit :

— Ma vie, je t'aime.

Si Florence avait voulu paralyser en moi tout désir, toute volonté et même toute intelligence, elle ne s'y fût pas mieux prise. Le son de sa voix... la langue qu'elle avait employée... les mots qu'elle avait dits...

Un seul sentiment subsistait en moi : la stupeur incrédule de l'homme qui sait qu'il rêve et ne peut pas, en même temps, s'en convaincre.

« Je suis sur le cargo la *Rose de Java*. C'est Florence la métisse qui est couchée dans mon manteau. » Telle fut la phrase idiote que dix fois, cent fois, je me répétai mentalement, accroché à elle, comme au seul élément certain de mon existence.

— Tu ne veux pas me répondre ? demanda Florence.

Elle avait raison. J'étais ridicule et odieux. On n'enlève pas une femme, on ne la jette pas dans une embarcation mouillée et poisseuse, pour se taire auprès d'elle. Mais j'avais beau fouetter, fouailler mon amour-propre, il me fut seulement possible de balbutier :

— Tu... tu ne... tu ne sais donc pas l'anglais ?

Elle eut un rire bref et dit :

— Je sais l'anglais aussi... très bien... j'ai été très bien élevée. Au couvent français de Yokohama.

Elle se tut un instant, pour poursuivre avec force :

— Mais, puisque je t'aime, je veux te parler la langue de ta mère.

Tout cela était trop absurde : ses déclarations, ma réponse, notre abri, mon hébétude, tout.

Une colère dure et bête me secoua. Je saisis les poignets de Florence, les serrai cruellement et, me penchant légèrement sur elle, je m'écriai :

— Tu m'aimes ! Qu'est-ce que tu racontes ! Tu me prends pour un imbécile. Tu m'aimes ! Ne te donne pas la peine de mentir si stupidement. Je n'ai pas besoin de ça, tu sais. Tu m'aimes ! Je ne t'en demande pas tant.

Je ne puis assurer que, dans la rapidité et le désordre de mon débit, Florence entendit l'insulte, mais il me sembla que ses bras tremblèrent un peu lorsqu'elle parla de nouveau. Cependant, sa voix resta unie et tendre.

— Je ne sais pas mentir, dit-elle. Pourquoi mentir? Il est si facile de se taire.

Je me sentis désarmé une fois de plus, et ce fut très bas, presque naïvement, que je demandai :

— Mais comment est-ce possible? Tu ne m'as pas vu, pour ainsi dire. Je ne t'ai jamais parlé.

— Cela est arrivé à Kobé, dans la rue en pente, répondit Florence sans changer de ton. Cela est arrivé quand le vieux Japonais n'en finissait pas de mourir, quand j'ai senti ma vie s'en aller et quand tu ne m'as pas secourue. Je te regardais. Je te regardais. Et tu ne bougeais pas. A ce moment, j'ai tellement aimé la vie et toi tu étais toute la vie. Alors, j'ai été obligée de t'aimer.

La métisse exhala un profond soupir et croisa ses mains sur sa poitrine. Je devinai le mouvement mieux que je ne le vis, car l'obscurité me dérobait tout de Florence, sauf des reflets confus.

La *Rose de Java* avançait d'une marche insensible.

Tout, autour de moi et en moi, semblait se dissoudre.

— Tu es content que je t'aime? murmura Florence.

Je tressaillis, tellement son intonation avait été celle d'un enfant triste. Sans être encore sorti complètement de ma stupeur, je me sentis revenir lentement au réel.

— Mais oui, bien sûr, répondis-je.

Et j'embrassai brutalement Florence dans le creux où la gorge se lie aux épaules.

En même temps, d'un mouvement machinal, ma main entrouvrit le peignoir et glissa vers les seins.

Le corps tout entier de Florence eut une crispation de recul. Elle gémit :

— Non, je t'en prie. Non, j'ai peur.

Alors, d'un seul coup, je fus rendu à moi-même, c'est-à-dire au désir le plus élémentaire.

Combien de fois n'avais-je pas entendu prononcer les mêmes mots et par des femmes qui cédaient aussitôt et s'abîmaient dans le plaisir. Cette fausse défense agissait sur moi comme un appel érotique.

De l'entendre, gémie par Florence, je devins pareil à une bête furieuse.

J'enveloppai la métisse de mes bras, la collai contre le drap rugueux de ma vareuse, respirant, embrassant, mordant à travers la soie son corps que mon étreinte barbare commençait déjà d'arracher à son vêtement.

Puis, d'une secousse si brève et si rude que nos têtes mêlées cognèrent contre la paroi de l'embarcation, je la renversai sous moi.

Elle, cependant, continuait non pas à se débattre, mais à se raidir, à trembler par soubresauts convulsifs. Et elle suppliait sans cesse, d'une voix qui n'était plus la sienne :

— Arrête!... Il ne faut pas... Ma vie, ma vie! Au nom du ciel... j'ai peur... j'ai peur pour toi!

J'entendais ces prières, ces balbutiements chuchotés à mon oreille. Ils ne faisaient que stimuler mon avidité.

Les craintes de Florence... son murmure de chaude folie... les menaces de Sir Archibald... ma revanche sur Bob... et ce bateau gémissant avec douceur dans la nuit molle... quels aiguillons terribles étaient ces images et ces voix !

Dans une lutte inégale, j'écrasais la métisse, je la pétrissais à ma guise et je sentais déjà, dans ses muscles qui s'abandonnaient peu à peu, approcher sa défaite.

Mais elle poussa un cri aigu. En même temps, une lame de fond sembla soulever soudain la mer immobile. Le canot de sauvetage bascula d'un seul coup. Le choc fut si violent que, désuni de Florence, j'allai rouler sur le pont.

Un jet de lumière m'aveugla. Je vis alors — car la *Rose de Java* poursuivait sa marche égale et lente — que j'avais été la victime d'une force humaine.

Je me relevai pour me battre. Le loisir ne m'en fut pas laissé. Une énorme main enveloppa ma nuque et je me sentis enlevé, soulevé.

Instinctivement, j'essayais de résister, de reprendre pied sur le pont, mais tous mes efforts étaient stériles : une poigne monstrueuse paralysait mes mouvements les plus violents. Je n'étais dans son étau qu'un pantin désarticulé, sans initiative. Mon poids, ma vigueur, ma détente, ma jeunesse ne servaient à rien. Un paquet de chair impuissante, un jouet d'une affreuse légèreté — voilà le sentiment qu'en cette minute je pris de moi-même.

A ce sentiment, je mesurai la puissance physique de Van Bek et je compris qu'il avait été capable de renverser le canot de sauvetage et de s'en servir à la manière d'une fronde, pour nous projeter dehors, Florence et moi, ainsi que des baudruches.

Pour cet exploit, personne n'avait aidé Van Bek. Il était seul et je me trouvais à sa merci.

Du sort qu'il me réservait, je n'eus pas à douter, fût-ce un instant. Il avait amené mon visage à la hauteur du sien et je vis qu'il voulait ma mort. Jamais haine aussi impitoyable, besoin de meurtre aussi passionné, ne se peignirent sur des traits inexpressifs à l'accoutumée. Van Bek montrait plus qu'une figure d'assassin : celle d'un tortionnaire.

La rage et la douleur imprimées dans son regard, sa bouche difforme, étaient pour moi incompréhensibles. Pourtant, ce fut la seule fois où je pus déchiffrer sur son visage un sens humain. Van Bek souffrait tellement que ma simple mort ne suffisait pas à apaiser l'intolérable mal qui le dévorait. Il n'avait pas encore choisi la peine longue et crucifiante dont il voulait déchirer ma chair, mes nerfs et, en attendant, il se repaissait du sentiment de mon impuissance.

Je perçus tout cela dans une fraction de temps qui n'a pas de mesure. Mais, avec la sûreté et la promptitude d'une vie qui se sent menacée, j'eus peur, animalement peur.

Moins de la mort même à laquelle, malgré tout, mon instinct ne pouvait croire, que du masque effrayant appliqué contre ma figure et grandi démesurément par la proximité et la brume.

Le masque d'un bourreau amoureux de son métier et qui, seulement, hésite sur le choix de ses instruments.

Cette hésitation — cause véritable de ma terreur —, ce fut à elle pourtant que je dus mon salut.

Si Van Bek avait été plus impulsif, si le calcul n'avait pas été un élément organique de tous ses actes — même les plus violents et même quand ils étaient arrachés à ses entrailles —, mon aventure et mon existence auraient, certainement, trouvé leur fin au fond de l'invisible et nocturne mer chinoise.

Van Bek n'avait qu'à s'avancer d'un pas, qu'à étendre le bras, desserrer son étreinte et je tombais comme un paquet dans la brume.

Mais, à raffiner trop, Van Bek manqua l'essentiel, c'est-à-dire ma perte.

Tandis qu'il grondait des syllabes sans forme où par instants je distinguais : « Arracher tes yeux... ta langue... », un bruit de course précipitée se fit entendre.

Van Bek jura horriblement, esquissa un geste vers le bastingage. Il n'était plus temps. Florence était près de lui qui criait, s'adressant à un témoin invisible :

— Regardez ! Regardez ! Je vous l'avais bien dit !

Un faisceau lumineux nous encadra et la voix de Bob s'éleva, nette, précise et tranquille.

— Vous avez de la chance, Monsieur l'armateur ! disait-elle. Cela fait aujourd'hui le deuxième accident évité sur votre bateau.

Je sentis trembler le bras du colosse. La fatigue n'y était pour rien. Seule sa rage meurtrière, soudain frustrée, crispait ses muscles.

— Allons, allons, reprit Bob, reposez ce jeune homme sur le pont. Vous avez assez fait pour lui comme ça. Les autorités françaises vous en sauront gré à Shanghaï, je vous l'assure !

Mes genoux et mes paumes heurtèrent soudain le bois gluant. Van Bek m'avait lâché.

Cela me fit oublier d'un seul coup le danger auquel je venais d'échapper et ceux qui m'en avaient tiré. Je ne pensai plus qu'à l'humiliation de me voir prostré aux pieds de cette brute, et sous les yeux de Florence.

Je me remis debout, et, rendu dément par la fureur et la honte, je voulus me jeter sur Van Bek. Deux lianes vivantes se nouèrent autour de mon cou : les bras de la métisse.

Une clameur hystérique retentit alors :

— Je te défends de le toucher... Tu es... Tu es...

Sir Archibald n'acheva point, mais ses ongles s'incrustèrent dans les mains de Florence et les séparèrent de moi.

Dès que Sir Archibald intervenait, il avait le privilège de donner à la situation, fût-elle tragique, un caractère absurde et vain.

— Vous conviendrez, dit Van Bek en s'adressant à Bob, que je n'ai pas dépassé mes droits. C'est mon devoir de veiller sur une femme qui appartient à un ami et qu'il est incapable de défendre lui-même.

Il me fallut bien admirer l'empire sur lui-même que montrait le colosse. Attitude nonchalante... voix paisible et comme endormie... tout était parfaitement joué.

J'étais le seul — moi qui avais eu la communication physique d'une colère poussée presque à son paroxysme de cruauté —, j'étais le seul à pouvoir juger de l'effort que représentait ce simulacre.

— Bien sûr, répondit Bob, et je partage entièrement vos sentiments. J'ai toujours dit à mon camarade qu'il fallait respecter la vertu. Chacun son tour !

Van Bek regarda Bob fixement. Puis il porta deux doigts à sa bouche et en tira un sifflement strident.

Un matelot chinois surgit de l'échelle des soutes. Je me souviens mal de sa figure, mais l'affreuse cicatrice qui lui dénudait le tendon de l'épaule est encore présente à ma mémoire.

— Accompagne la miss jusqu'à sa cabine, ordonna Van Bek en *pidgin*. Tu resteras toute la nuit devant sa porte : elle ne doit pas sortir, personne ne doit entrer chez elle.

Le colosse n'écouta pas les serments d'obéissance que lui fit le Chinois. Il pivota sur lui-même, disparut dans la brume.

J'eus un mouvement pour le rejoindre. Bob m'arrêta en me disant :

— Laisse-le aller! Ta seule vraie vengeance possible est de reprendre Florence.

— Pourquoi? demandai-je.

Bob haussa les épaules et murmura pensivement :

— Ce garçon est aussi idiot que j'ai soif!

IX

Sans qu'il me l'eût proposé, j'avais suivi Bob.
Nous étions assis devant le bar. Bob buvait. Je regardais mon verre. Il n'y avait aucun échange intérieur entre nous, et je savais qu'il ne pouvait pas y en avoir. Bob, grâce à sa cure d'alcool, vivait dans un monde ouvert seulement à des spéculations, à des divinations qui m'échappaient. Moi, bien au contraire, les événements qui s'étaient succédé en l'espace d'une demi-heure, je les avais trop puissamment vécus dans mon sang pour être capable de m'en détacher. Je tremblais encore de la fièvre que m'avait donnée la peau de Florence, de la peur et de la honte que Van Bek m'avait infligées.

Avoir été si près du but, avoir senti le corps ambré, dense et lisse déjà fondu au mien et se retrouver tout à coup suspendu, secoué par la nuque comme un chiot ridicule !

Comment aurais-je pu réfléchir, déduire, percer le secret des âmes, prévoir l'avenir ?

L'amertume, le dégoût de moi-même, la rancune : voilà quelle pouvait être ma seule nourriture spirituelle.

J'en voulais à Van Bek, au destin, à Bob et aussi à Florence. « Quelques minutes plus tôt, me disais-je, et je réussissais! » Car, en vérité, j'en étais arrivé à croire que l'exploit de violer une femme qui ne se défendait même pas m'eût lavé aux yeux de tous et surtout aux miens de l'humiliation que Van Bek m'avait fait subir.

« Chacun son tour! » avait ricané Bob en parlant au colosse. Mais n'était-ce pas à moi que ce sarcasme était dédié?

Et maintenant, plus d'espoir! Une brute jaune veillait à la porte de Florence. Une brute que rien ne pouvait éloigner.

Encore si j'avais eu beaucoup d'argent... Mais pour toute fortune je n'avais sur la *Rose de Java* que mes dettes au bar et à Sir Archibald.

L'évocation de ce fantoche m'apporta quelque apaisement. Apaisement, il faut bien le dire, de la même qualité que l'était ma souffrance.

Lui, du moins, je l'avais berné, bafoué, roulé (je ne voulais pas songer que c'était avec l'aide de Bob). Sur lui, du moins, j'avais pris ma revanche. Que pouvais-je faire, si pour protéger l'objet de sa passion sénile, il employait un lutteur de foire?

Il ne s'était pas hasardé à venir seul me demander raison. Je l'eusse balayé d'un revers de main, je l'eusse...

Comme je me consolais de la sorte, Sir Archibald entra dans la salle commune et vint droit à moi.

— Lieutenant, dit-il, vous avez à me fournir quelques explications.

Il y avait dans le maintien, dans le ton de Sir Archibald quelque chose de sérieux, de presque digne, qui me laissa pour une seconde interdit. Bob, lui-même, tourna vers nous un regard curieux.

— A vos ordres, Sir Archibald! finis-je par répondre.

— J'ai besoin d'être seul avec vous!

— Qu'à cela ne tienne!

Nous gagnâmes le pont. Le hasard voulut que Sir Archibald s'arrêtât à l'endroit même où Van Bek m'avait manié comme un pantin. Je me sentis de nouveau plein de fiel.

— Eh bien, demandai-je brutalement, vous désirez une réparation? Je vous laisse le choix des armes!

Sir Archibald ne sembla pas m'avoir entendu. Il regardait le canot de sauvetage renversé.

Soudain, il m'agrippa par la manche et je retrouvai son tremblement d'alcoolique, et je retrouvai aussi sa voix ridicule lorsqu'il glapit :

— Jusqu'où avez-vous été avec Florence?

D'un coup sec, je fis lâcher prise à ses faibles mains et m'écriai :

— Demandez-le-lui!

— Non, non. Elle ne dira rien. C'est de vous que je dois savoir.

— Savoir quoi?

— Tous vos... vos gestes... vos... oui..., vos saletés!

Sir Archibald s'arrêta une seconde et reprit à voix basse :

— Je veux... je veux savoir ce que vous avez fait avec elle.

Son chuchotement subit, la façon dont il avait approché son visage du mien, le frémissement de ses lèvres, l'éclat morbide du regard, tout me fit penser que Sir Archibald souffrait moins de la jalousie que d'une manie perverse.

— A l'ordinaire, ces détails-là se paient, lui dis-je.

— Oh! taisez-vous! Oh! Dieu vous punira!

Je n'aurais jamais cru ce fantoche capable d'un cri aussi déchirant et vrai, si pitoyable et enfantin dans sa misère. Et conscient d'avoir commis une faute que je ne parvenais pas à définir, je n'eus qu'une idée : me défaire de Sir Archibald le plus vite possible. Je parlai comme une brute :

— Vous tenez à le savoir, m'écriai-je. A votre aise! J'ai embrassé, j'ai caressé Florence comme j'ai voulu, comme il m'a plu et elle s'est laissé faire et elle m'a dit qu'elle m'aimait, que j'étais sa vie...

— Après, après? murmura fiévreusement Sir Archibald.

— Ça ne vous suffit pas? Que vous faut-il encore?

— Avez-vous?... avez-vous?...

— Ai-je couché avec elle? C'est cela qui seulement vous tracasse? Eh bien, non, rassurez-vous! Votre cher ami est arrivé juste à temps.

Sir Archibald s'appuya contre le bastingage, passa les doigts dans son col, comme s'il étouffait. Je lui tournai le dos et fis un pas vers la coursive. D'un élan où il dut mettre toutes ses forces, Sir Archibald me rattrapa par la manche.

— Si vous avez autre chose à me dire, faites vite, grommelai-je, à bout de patience et m'attendant à une scène d'hystérie.

Mais Sir Archibald murmura d'une voix coupable :

— Vous m'en voulez beaucoup?

La surprise m'empêcha de répondre, et l'incroyable personnage poursuivit :

— Vous avez tort! Un jour, quand vous saurez, vous me direz merci. Pour vous, c'est un caprice, une fantaisie, un amusement au cours d'une traversée ennuyeuse. Mais vous n'avez plus longtemps à vous ennuyer. Demain nous serons à Shanghaï. Aussitôt, vous oublierez Florence.

Tout ce que disait ce grotesque dont je n'avais jamais pu prendre une parole au sérieux était vrai.

Je savais bien — et sans lui — qu'une ville énorme et nouvelle me distrairait sur-le-champ du souvenir de Florence. Je le savais si bien que c'était une des raisons essentielles qui m'avaient si fort pressé dans ma chasse. Mais je ne voulais pas me l'entendre dire, je ne voulais pas qu'on me fît sentir davantage ma cuisante défaite.

Je me penchai vers Sir Archibald et lui déclarai froidement :

— Florence m'aime et je l'aurai à Shanghaï, je vous le jure!

La seule vanité avait inspiré ces paroles. Au vrai, une fois débarqué, peu m'importait la métisse. Mais Sir Archibald, lui, fut convaincu de ma persévérance. Il murmura :

— Je vous aurais cru une plus heureuse étoile!

— Si vous voulez, dis-je, parlez plus clairement, je pourrai peut-être vous répondre.

— *Il ne faut pas* que vous ayez des rapports avec Florence.

Sir Archibald avait mis une force désespérée

dans son imploration. Il n'y avait plus rien de comique dans sa voix. Pourtant, j'essayai encore de plaisanter grossièrement.

— Ça vous ferait trop de peine ?
— Oh ! Il ne s'agit pas de moi. Il s'agit de vous.
— Je vous en prie, laissez-moi prendre soin de ma personne.
— Mais vous ne savez pas, vous ne pouvez pas savoir !
— Eh bien, dites, mais sans faire d'histoires, parce que, je vous jure, j'en ai assez !

Sir Archibald prit sa respiration avec un bruit rauque.

— Vous me donnez votre parole, mais votre parole d'officier, balbutia-t-il, que vous ne répéterez à personne de vivant sur la terre — ni sur la mer, bien entendu — ce que je vais vous apprendre. Votre parole ?
— Vous l'avez.
— D'officier ?
— D'officier.
— Alors, je vais vous dire... attendez... attendez... Ne vous impatientez pas, au nom du ciel... ayez un peu pitié de moi... non, non, ce n'est pas de moi qu'il faut avoir pitié... mais de vous... non, non... je veux parler de Florence.

Sir Archibald s'arrêta encore, aspira de nouveau l'air avec le même bruit étrange, puis il dit lentement :

— Vous ne devez pas toucher à Florence : elle est malade.

Il fit une longue pause, mais cette fois je n'eus plus envie de l'interrompre, ni de m'en aller.

Le silence dura longtemps entre nous. Enfin, je demandai à voix très basse :

— Vous ne voulez pas dire tout de même...

Sir Archibald fit « oui » de la tête et j'entendis, comme des sifflements sinistres, trois syllabes péniblement détachées : sy-phi-lis.

X

En ces temps lointains, si la fête ou le service l'exigeaient, ma santé me permettait de passer cinq ou six nuits blanches l'une après l'autre. Mais quand je n'en étais pas empêché par l'excitation du plaisir ou les charges de l'état militaire, je dormais, envers et contre tout. Et même, les ennuis, les tristesses, les dégoûts étaient des soporifiques les plus puissants.

Il peut paraître étonnant que mon esprit et mes nerfs aient réussi à prendre un vrai repos après mon échec auprès de Florence, après la révélation de Sir Archibald. Pourtant, il en fut ainsi. Mon sommeil le plus profond, le plus sain, sur la *Rose de Java*, je l'ai connu après les événements dont je viens de retracer la suite incohérente.

Je sentis ma tête vide et lourde, une épaisse fatigue engourdit tous mes membres et, délivré du besoin de réfléchir, protégé par une torpeur invincible et bienfaisante, je gagnai ma couchette. A peine eus-je touché son cadre étroit et dur que je sombrai dans l'inconscience. Ma jeunesse défendait son égoïsme sacré.

Je dus dormir une douzaine d'heures. Je ne

mesurai pas cette durée à ma montre — elle avait été cassée au cours d'une bagarre à l'Aquarium de Vladivostok — ni à la lumière, car une sorte de taie bouchait le hublot. Je sentis ces douze heures de sommeil dans l'élasticité de mes jointures, dans le flux merveilleux de mon sang, dans la joie de tout mon être.

Combien me parurent exagérés, absurdes, vains, incompréhensibles, mes soucis de la veille! La plus cruelle désillusion n'avait plus de pouvoir sur une poitrine dilatée par une allégresse animale, sur un cœur aussi neuf qu'à sa naissance.

Désir inassouvi, vanité blessée, brûlure du ridicule, regrets de l'impossible — j'étais à l'abri de tout. Et rien ne pouvait m'empêcher d'être, à nouveau, content de moi.

Je me persuadai en quelques secondes que je n'avais pas eu le mauvais rôle. N'avais-je pas démontré à Bob que Florence voulait de moi, alors qu'elle l'avait repoussé?

L'intervention de Van Bek? Il n'y a pas de honte à être plus faible, les poings nus, qu'un monstre. Si je rencontrais Van Bek dans une boîte de nuit, il verrait de quoi j'étais capable, une bouteille brisée à la main.

Il fallait être fou pour souffrir de bêtises pareilles ou même les prendre au sérieux.

Car, me disais-je encore, ces contretemps, en vérité, n'avaient fait que me servir. Florence était malade, je n'avais pas à la regretter.

Je ne craignais pas la contagion. Là aussi, je me croyais invulnérable. N'avais-je pas roulé à travers les bouges et les lupanars de Californie, de Honolulu, du Japon, de Sibérie, avec une curiosité insatiable d'écolier et de soudard? N'avais-je point, et sans précaution aucune, goûté à des filles de tout acabit et de toute couleur, pourvu qu'elles fussent belles ou singulières? Et l'impunité totale qui avait suivi ces contacts ne prouvait-elle point que j'étais né pour défier les lois de la prudence ainsi que celles de la pudeur?

Non, la crainte n'était pas le sentiment qui me faisait négliger Florence et déjà me détachait d'elle comme d'un souvenir sans éclat. C'était la répugnance que tout être sain éprouve pour une substance corrompue, un fruit gâté.

Et à quoi bon me soucier encore d'elle! me dis-je enfin, Shanghaï est là!

Le cargo ne bougeait plus : nous devions être à quai. Les coups ininterrompus des sirènes témoignaient de l'activité d'un port immense. On eût dit que les bateaux de toutes les mers s'y pressaient, tant ces mugissements étaient fréquents, répétés, insistants, innombrables.

Ils produisirent sur mes nerfs un effet de surexcitation forcenée.

Shanghaï! Les colonies européennes, la jungle chinoise, les bars, les maisons de jeu, de danses, de filles.

Bob, sûrement, avait déjà débarqué. Il était en avance sur moi. Il allait recevoir de l'argent au consulat, prendre un bain, se ruer dans le dédale des plaisirs, alors que je serais encore en proie aux douaniers!

Je m'habillai avec une hâte de fiévreux, jetai pêle-mêle linge, vêtements, objets de toilette dans une cantine et m'élançai vers les appontements, les buildings, les usines, les foules de Shanghaï.

Je ne trouvai rien de tout cela. Mieux : je ne trouvai rien du tout!

Je sens que je m'exprime très mal, mais de quels mots peindre le sentiment et le spectacle du néant?

Dès le pont, commençait un monde sans poids ni forme, ni consistance : un monde opaque, impénétrable.

Le ciel et la mer avaient disparu, et aussi la lumière. On ne pouvait appeler de ce nom la clarté vague, cotonneuse, fuligineuse, souterraine, sous-marine, envoyée on ne savait par quel foyer ni quel astre inconnu.

Comme un animal pris au piège, je fis instinctivement le tour du cargo. A l'arrière, à l'avant, des deux bords, il en allait de même. La *Rose de Java* semblait prise dans une énorme nasse aux filets invisibles, écrasée sous une cloche monstrueuse dont les parois se dérobaient au toucher, mais aussi opaques, aussi infranchissables que si elles avaient été du métal le plus dur.

A la lettre, on n'y voyait point à deux pas devant soi. Les lignes du bateau se diluaient dans une matière jaunâtre qui adhérait au bois et au fer. Collée, adhérant au bastingage, ondulait une masse foncée tirant sur le safran et qui arrêtait le regard.

Oui, c'était vraiment un univers de songe maudit, de funeste enchantement. Et les sirènes lui servaient de voix. Elles hurlaient, bramaient, se lamentaient de toutes parts dans l'invisible. Tantôt isolées, tantôt mêlées au creux du chœur apocalyptique, elles déchaînaient sur l'humanité dévorée, perdue, des forces mystérieuses et des signes sans nom.

On se prenait à croire à tous les contes de l'enfance, à toutes les légendes sinistres de l'Orient.

Quel mage, quel sorcier avait tiré des eaux et du firmament cette molle substance visqueuse, dense, impalpable, qui sentait la vase pourrie et où d'immenses bêtes enchaînées criaient leur détresse et leur effroi ?

Ce sentiment me fit parcourir plusieurs fois encore le pont, à la recherche vaine mais anxieuse d'une faille, d'une fissure dans l'incroyable prison où nous étions murés.

Pour échapper à cette emprise, je finis par me réfugier dans la salle commune. Car, en vertu des lois de ce monde à l'envers, c'était dans les endroits clos que l'on pouvait retrouver l'impression de l'espace libre.

Auprès de la table où un seul couvert était dressé, le mousse m'attendait.

— Tous ont déjeuné plus tôt aujourd'hui, dit-il. Mais tu peux...

J'interrompis l'enfant avec impatience.

— C'est bon ! C'est bon ! Que se passe-t-il ?

Le petit Malais me regarda sans comprendre.

— Où sommes-nous ? demandai-je.

— Embouchure du Yang-Tsé. Brouillard jaune, souvent dans cette saison.

L'enfant avait répondu très vite et mécaniquement. Il était accoutumé aux caprices du fleuve et poursuivit sans transition :

— Tu veux manger ?

Je m'aperçus que j'avais très faim. Mon appétit — pas plus que mon sommeil —, ne tenait compte des contingences imprévues.

Tout en dévorant les mets demeurés chauds

grâce aux soins de l'enfant, je prêtais l'oreille aux bruits du cargo.

A part les avertissements de la sirène, auxquels répondaient les sirènes des autres bateaux captifs du brouillard, il semblait que toute vie fût éteinte sur la *Rose de Java*. Les machines se taisaient et les hommes.

— Où est l'autre lieutenant ? demandai-je au mousse, lorsque j'eus expédié mon repas.

— Sur l'escalier de la dunette.

— Qu'est-ce qu'il fait ?

— Je ne sais pas te dire, mais je peux te montrer...

Le petit Malais exécuta une série de mouvements incompréhensibles pour moi et conclut :

— Je crois qu'il s'amuse.

Bob ne s'amusait pas, mais, se servant de la rampe comme d'une barre fixe, faisait de la gymnastique. Il me fallut, pour le savoir, me cogner presque à lui.

Les mouvements étaient terriblement difficiles à exécuter sur cette pièce de bois rugueuse, oblique et glissante.

Mais, chez Bob, la précision et l'adresse musculaires étaient portées à un degré exceptionnel. Je les connaissais et en étais un peu jaloux.

Pourtant, ce fut sans arrière-pensée que, cette fois, je le félicitai de ses acrobaties. Je me sentais perdu dans la ouate jaune, j'avais besoin de communion humaine. Bob aussi, sans doute, car il me répondit avec chaleur :

— Te voilà enfin ! Tu as de la chance de pouvoir dormir. Moi, il faut que je m'occupe.

Il fit une dernière voltige, vint atterrir à mes côtés.

— Rien de meilleur pour la gueule de bois ! s'écria-t-il. La mienne était solide ce matin ! Je me mets en forme pour Shanghaï. Assez de cognac ! Il y a trop de filles à satisfaire, là-bas.

Bob avait retrouvé son rire normal, c'est-à-dire bref et un peu cruel, je retrouvai le réflexe qui me liait à lui.

— On ira en chasse ensemble, dis-je machinalement.

Bob hésita.

Mais il y avait une rémission dans nos rapports. Pour refuser, il chercha un biais.

— Je te croyais marié ? observa-t-il.

— Florence ? m'écriai-je. Oh ! c'est fini, mon vieux !

Je ne donnai aucune explication. La discrétion que j'avais promise à Sir Archibald et le désir de laisser Bob dans une ignorance qui pouvait être flatteuse à mon égard s'accordaient trop bien pour que je fusse tenté de parler.

Je répétai orgueilleusement :

— Fini. Et bien fini !

— Bravo ! fit Bob.

Mais son approbation manqua de chaleur. Il me sembla même que le rire dont il l'accompagna était faux et forcé.

Je ne sus plus quoi dire. Il était difficile de replacer sur un plan naturel notre camaraderie. Heureusement, une diversion vint me tirer d'embarras. Le bruit d'une conversation tumultueuse, presque d'une dispute, éclata au-dessus de nos têtes.

Nous gravîmes les quelques degrés qui nous séparaient de la passerelle. Quatre hommes discutaient que nous entendions très bien sans être vus d'eux et d'ailleurs sans les voir. Ces quatre hommes formaient tout l'état-major de la *Rose de Java*.

Outre Van Bek et Mauricius, il y avait là le second du cargo et l'officier mécanicien. Si j'ai omis de parler jusqu'ici de ces derniers, c'est que je n'ai pas voulu encombrer ces souvenirs déjà surchargés de personnages, par des comparses pour ainsi dire inexistants. En effet, on ne voyait jamais cet Américain et ce Suédois. Ils vivaient confinés dans leur travail et leur cabine : c'étaient de simples rouages du bateau. Je fus d'autant plus surpris de la soudaine violence avec laquelle ils se manifestaient.

— C'est la plus damnée folie dont j'aie entendu parler dans ma damnée vie! criait le second.

A l'accent dont chacun d'eux déformait l'anglais, je pouvais identifier les interlocuteurs.

Le mécanicien scandinave soutint le second :

— Jamais vous ne me ferez accepter cela!

— Pourtant, vous ferez comme je veux, dit paisiblement Van Bek. Vous le savez bien! Pourquoi perdre du temps?

— Mais regardez... Par le Christ! Regardez donc cette mélasse! répliqua l'Américain. Comment espérez-vous faire trois ou quatre milles à travers une confiture pareille? Écoutez gueuler les autres bateaux! Il y a une flotte entière sur ce sacré fleuve! On entrera dedans, sans même les voir.

Mauricius intervint :

— C'est difficile, je ne dis pas, constata-t-il, mais on se débrouillera.

— Tenez-vous à vos parts ? demanda Van Bek.
— Je tiens plus à ma peau, grommela le Suédois.
— Et moi... commença le second.
— Assez ! coupa Van Bek. Je commande ici, avec Mauricius. Il faut être aujourd'hui devant le Wang-Poo : nous y serons !
— Pourquoi aujourd'hui ? insista le second.
— Demain, il y aura un autre officier de douane et les Japonais ne nous pardonneront pas de rater cette affaire. Compris ?

Personne ne tenta de répondre. Van Bek ordonna :
— En route !
— Pour l'enfer ! dit l'Américain.

A vingt ans, je ne connaissais guère la peur. Mon courage n'était pas une vertu : il était fondé sur le refus organique de reconnaître qu'il pût y avoir pour moi un danger plus fort que ma chance. Pourtant, ce ne fut pas sans une crispation assez désagréable que je sentis les machines se réveiller et le cargo se remettre en marche.

Affronter des hommes, des éléments et même des engins de mort, on peut le faire d'un cœur égal, lorsque l'on est soutenu par l'action, l'inconscience et le sentiment d'une supériorité que rien ne justifie et qui cependant ne se discute pas. Mais il est beaucoup plus difficile de commander à ses nerfs, si le péril n'a pas de visage et s'il investit de toutes parts.

La journée la plus odieuse, pendant tout mon séjour au front, avait été pour moi l'une de celles que j'avais passées comme officier d'aviation, détaché en liaison aux tranchées, et au cours de laquelle la section qui m'avait pris en subsistance avait été soumise à un bombardement par gaz.

C'était la première fois que je subissais le contact du masque, l'insensible infiltration de l'air empoisonné. J'avais peur de respirer. Il me semblait sans cesse que le groin métallique appliqué à mon visage n'adhérait pas convenablement. Mes muscles et mes réflexes ne jouaient pas avec leur liberté habituelle. Bref, j'étais comme imbibé de malaise et de crainte.

Il suffit de quelques tours d'hélice pour me faire éprouver sur la *Rose de Java* un effroi assez semblable, par son essence et son intensité, à celui qui m'avait serré les tempes un jour d'automne en Champagne, vers Berry-au-Bac.

Lente, déprimante, oppressante, accablante avance à travers cette lourde et puante et sinistre matière jaune, dans laquelle l'univers semble pris, tout entier! On avait l'impression que le bateau tâtonnait, trébuchait.

Tout, à l'entour, était mystère, traîtrise, piège.

Dans le danger, l'homme se sent toujours physiquement solidaire de la machine — avion, automobile ou navire — qui le porte et dont il dépend. Ce n'était plus la *Rose de Java* qui naviguait en aveugle sur un fleuve peuplé de bateaux invisibles, c'était moi-même qui, un bandeau sur les yeux, suivais un sentier étroit, peuplé d'embûches mortelles.

Je devinais dans ma chair la présence de bâtiments tout proches et contre lesquels la plus légère des erreurs devait nous jeter. Sans doute, ils signalaient leur position par les hululements de leurs sirènes, sans doute, la nôtre ne cessait pas une seconde de hurler, mais, quoique mon expérience de la mer fût très réduite, je savais qu'il était impossible, dans un brouillard de cette sorte, d'évaluer la distance au son avec exactitude.

Pour me distraire de l'appréhension qui m'étouffait, je m'interrogeai à haute voix sur les raisons qui obligeaient Van Bek à cette manœuvre désespérée.

— Il doit avoir, dis-je, rendez-vous avec ses partenaires chinois dans une crique du Wang-Poo.

Comme Bob ne répondait pas, je lui posai une question inutile.

— Le Wang-Poo est bien cet affluent du fleuve Jaune qui mène à Shanghaï?

— Tu le sais bien, répliqua Bob avec impatience. Nous avons regardé la carte ensemble.

Malgré son ton acerbe, où je reconnus une inquiétude que lui aussi répugnait à admettre, je continuai :

— Van Bek veut rejoindre ses contrebandiers à tout prix. Demain, il sera trop tard. Mais comment s'y prendra-t-il pour les trouver?

— Ça le regarde! dit Bob.

Il alluma une cigarette à celle qu'il fumait et ne put s'empêcher d'ajouter :

— Je trouverais tout de même idiot de rester dans cette immonde bouillabaisse pour les gros sous de Van Bek.

Nous demeurâmes silencieux côte à côte. Chacun de nous, bien qu'il sût cet effort inutile, essayait de percer du regard la brume maudite qui cernait le cargo. Parfois, d'un mouvement qui échappait à ma volonté, je me rejetais brusquement en arrière : il m'avait semblé discerner la forme d'un bâtiment gigantesque contre lequel nous allions nous briser.

A d'autres instants, j'entrevoyais au fond de la glu couleur de soufre des visages, des végétations, des bêtes ou des ombres. Puis, tout allait rejoindre le néant.

Le bateau avançait avec une lenteur douce, précautionneuse, sinistre : on eût dit qu'il portait une cargaison d'agonisants. Et la sirène mugissait, mugissait, mugissait...

— Tu as entendu?
— Tu as entendu?

Les mêmes paroles et en même temps, Bob et moi nous les avions chuchotées, incrédules. Mais, puisque nous avions parlé ensemble, il ne pouvait pas s'agir d'une hallucination.

Ils étaient vrais, réels, ils étaient certains, ces cris aigus, ces cris inhumains qui, pour une minute, avaient percé la voix monstrueuse de la sirène et qui étaient montés du sillage même du cargo.

— Je murmurai :
— Une jonque? Une barque?

Et Bob acheva ma pensée :

— Sans moyen de signaler sa présence...
— Coulée? repris-je.
— Tu le demanderas à Van Bek, dit Bob.

Sa cigarette à peine consumée, il en alluma une autre.

Moi aussi, je fumais sans discontinuer. Nous épuisâmes ainsi en silence les paquets que nous avions sur nous, mais, malgré la dure privation que représentait, dans l'état nerveux qui était le nôtre, le manque de tabac, ni Bob ni moi nous ne pensâmes à quitter le pont, fût-ce pendant quelques secondes, pour nous réapprovisionner en cigarettes.

Nous faisions corps avec la *Rose de Java*. Nous luttions du même souffle que le cargo, nous peinions du même travail, nous tremblions de la même crainte, et *il fallait* que nous restions rivés au bastingage, sans presque bouger, comme si tout mouvement imprudent de nos membres eût pris une importance aussi funeste qu'une fausse manœuvre du bateau. Et, véritablement, lorsque celui-ci, d'une manière insensible, passa de la marche à l'arrêt, je sentis dans le bois et le métal du cargo une détente, un apaisement qui ressemblaient à ceux de mes muscles.

Alors seulement Bob courut dans notre cabine et rapporta de quoi fumer.

— Vieux, m'écriai-je, maintenant, je peux le dire : j'ai eu rudement la frousse!

— Tu crois? répliqua Bob en riant.

Mais son rire était sans méchanceté. La joie qu'il éprouvait également de voir terminée cette navigation infernale nous rapprochait d'une façon singulière. Il n'est pas de plus puissant élixir que le sentiment de la sécurité, après une longue menace.

Cependant Van Bek poursuivait obstinément l'exécution de son plan audacieux.

A peine la *Rose de Java* eût-elle stoppé, que nous vîmes mettre à l'eau les deux canots de sauvetage. L'armateur monta dans le premier. Mauricius dans le second. Chacun d'eux était suivi par des matelots.

Les autres Chinois de l'équipage leur passèrent des sacs dont je n'ignorais pas le contenu.

— Ils ne se gênent plus devant nous! observa Bob.

— Ils jouent pile ou face, répondis-je. S'ils parviennent à retrouver leurs complices, que leur importe! Mais comment crois-tu qu'ils les rejoindront?

— Je pense que la terre n'est pas loin. Van Bek et Mauricius toucheront au hasard une berge du Wang-Poo. De là, ils enverront quelqu'un qui connaît assez bien la région pour se diriger les yeux fermés à travers les pistes et les sentiers.

Tandis que nous ajustions nos hypothèses, l'embarquement s'acheva. Déjà les rameurs levaient leurs avirons. Mais Van Bek les arrêta, revint à bord du cargo d'un bond léger que sa corpulence ne semblait pas devoir lui permettre.

Il s'approcha de moi et dit à mon oreille :

— Si vous essayez de pénétrer chez Florence, mes hommes ont l'ordre de vous abattre.

Il rejoignit son canot, sans me laisser le temps de répondre. Le brouillard engloutit instantanément les embarcations.

XI

Si Van Bek ne m'avait pas fait cette dernière menace, les événements qui suivirent auraient-ils pris le même cours ? Je me le suis souvent demandé plus tard.

« Ce n'est pas impunément, me suis-je dit parfois, que l'on défie, que l'on essaye d'effrayer un garçon à peine sorti de l'adolescence, habitué à une vie dangereuse, orgueilleux jusqu'à la folie et ne supportant pas la contrainte. On le pousse à des actes extrêmes. »

Mais aussi j'ai souvent pensé :

« Van Bek ne fut pour rien dans ce qui arriva. Un autre homme que moi, plus sage, plus conscient, se fût arrêté sur la pente. Moi, je ne cherchais qu'un prétexte : un prétexte se trouve toujours. »

Lequel de ces éclairages est le plus juste ?

Certes, pendant que la *Rose de Java* se dirigeait à l'aveugle entre les parois du brouillard et les sirènes bramantes, j'avais complètement oublié Florence.

Mais eût-elle repris son attrait pour moi, sans l'intervention de Van Bek ? L'immobilité du cargo, l'ennui jaune (je ne trouve pas d'autre terme) qui nous enveloppait, m'eussent-ils à eux seuls rendu à la hantise de sa chair et de sa possession?

Vint-il d'un autre ou de moi seul, ce mouvement soudain qui me jeta vers la coursive dont dépendait la cabine de la métisse? En toute sincérité, je ne l'ai jamais su...

Lorsque les incidents extérieurs s'accordent trop bien avec un tempérament, il est bien difficile de discerner les chemins par où glisse la destinée. Tout ce que je puis faire, c'est de raconter avec la plus grande exactitude possible les gestes qui furent accomplis par moi et par les autres sur la *Rose de Java*, prisonnière près des berges du Wang-Poo, dans la brume plus épaisse que jamais, car elle commençait à prendre la couleur de la nuit.

Le bruit des avirons qui faisaient glisser les canots invisibles ne s'était pas encore éteint que je courus à la cabine de Florence.

Devant la porte, assis sur ses talons joints, veillait le Chinois marqué au cou par une cicatrice affreuse. Contre son pied droit, nu et crasseux, gisait un gros automatique de fabrication américaine. L'homme n'avait qu'à allonger ses doigts qui reposaient sur son genou pour s'en saisir.

Le gardien de Florence ne sembla pas m'avoir aperçu. Il ne tourna pas la tête de mon côté, mais je sentis ses petits yeux cruels et brillants comme des pastilles de jais suivre chacun de mes mouvements.

Je passai devant lui. Il se redressa légèrement, son arme toute prête.

Je pensai un instant à me jeter sur lui, le dérouter par la rapidité de l'attaque et l'assommer avec son propre revolver. Mais je sentis qu'il serait plus prompt que moi et plus rigoureux dans son insensibilité de machine. De plus, j'apercevais Sir Archibald dans sa cabine ouverte. Il eût donné l'alarme et, sans parler du danger, je me serais couvert d'un ridicule sans rémission dans l'esprit de Florence qui, à travers la cloison, eût facilement suivi la bagarre.

Ce fut en cette minute que vraiment la métisse reprit de la valeur pour moi et que je me jurai d'arriver jusqu'à elle.

A vrai dire, le goût pour Florence, cette obsession que j'avais eue de son corps, ne m'étaient pas revenus. La révélation de sa maladie les avait dissipés. Ce que je voulais, c'était simplement voir la métisse, la dominer une fois encore, jouir de la soumission de ses yeux si fiers et lui montrer que, malgré Van Bek et sa racaille, je faisais ce qu'il me plaisait de faire. Alors, mais alors seulement, je pourrais débarquer de la *Rose de Java* l'esprit en repos vis-à-vis de Florence et surtout vis-à-vis de ce que j'estimais ma dignité.

Je ne savais pas du tout quel moyen j'emploierais pour obtenir cette dernière entrevue, je ne l'entrevoyais même point, mais je me sentais décidé à tout.

Brutalité, ruse, mensonge, corruption, tout me serait bon.

Contre les gens de la *Rose de Java*, il n'y avait pas de moyen défendu.

Ma conscience ainsi en règle, et pour ne pas avoir l'air de fuir le matelot chinois, j'entrai chez Sir Archibald.

Il était étendu sur sa couchette. Il avait à portée de la main une bouteille de whisky : elle était vide aux trois quarts. Lui, il paraissait de la meilleure humeur du monde.

Sir Archibald se leva pour me saluer très courtoisement. On eût dit qu'il avait tout oublié : ses tourments, ses crises d'hystérie, ses larmes, ses colères et jusqu'à son aveu torturé du mal affreux qui minait Florence.

— Comme c'est aimable à vous! s'écria-t-il. Non... ce n'est pas le mot... votre geste mérite un terme plus approprié... Voilà, voilà, j'ai trouvé... un gentleman trouve tout de suite... comme c'est touchant et délicat de votre part de venir rendre visite à un vieil homme que ce brouillard brise aux jointures et qui se soigne comme il peut.

Je cherchai quelque ironie dans ces protestations, je n'en découvris nulle trace. Il me fallut bien convenir de la sincérité de Sir Archibald lorsqu'il m'offrit du ton le plus amical de finir avec lui sa bouteille.

Tandis qu'il me versait un verre, je m'assis sur sa couchette. Ce fut ainsi que mes yeux tombèrent sur une porte intérieure : une porte de communication.

Je sentis mon sang circuler plus vite. Cette porte ne pouvait donner que sur une seule cabine : celle de Florence.

Je n'avais qu'à me lever, ouvrir, ou si la porte était fermée, l'enfoncer, et j'étais auprès de la métisse. Pour tous ces mouvements, une seconde suffisait. Je m'agrippai au bord de la couchette, afin de résister à l'impulsion qui faillit me jeter en avant, comme un bélier.

Car à quoi servait-il de fracasser le panneau si la meute chinoise, accourue aux clameurs de Sir Archibald, venait m'humilier dans les bras même de Florence?

Je respirai avec difficulté et bus avidement l'alcool que me présentait Sir Archibald. Puis, autant pour me défendre que pour détourner son attention de cette porte qui me fascinait, je dis la première phrase qui me vint à l'esprit :

— Alors, nous voici presque à Shanghaï...

— Hé oui, hé oui, reprit Sir Archibald avec sa volubilité des bons jours, nous en voici tout près et j'espère bien que nous y serons demain. Ces brouillards ne durent guère avec une pareille intensité. Hé oui, demain Shanghaï. C'est la seule ville d'Extrême-Orient digne de vous et de moi, mon cher lieutenant, digne de gens bien. Vous ne connaissez pas? Vous verrez, oh! vous verrez... les bars... les clubs...

Il s'interrompit, eut l'air gêné et dit à voix plus basse :

— Vous... vous..., excusez-moi de vous le rappeler... mais... enfin... je suis sûr que vous n'avez pas oublié notre petite partie de dés et...

— Ma dette? achevai-je machinalement.

— Je n'osais pas... mais puisque vous en parlez le premier...

Une avidité enfantine anima son visage. Et soudain, à cause d'elle, le moyen que je cherchais fiévreusement de rejoindre Florence me sembla à ma portée.

Éloigner Sir Archibald. Avoir libre accès chez la métisse. Déjouer ainsi la surveillance du gardien chinois. Si la malchance voulait qu'il me suivît dans la cabine de Sir Archibald, tant pis pour lui...

Et comment attirer Sir Archibald dehors? Lui-même venait de m'y faire penser : le jeu.

Tel était le plan que je venais d'échafauder, avec la rapidité du délire.

— Une dette de jeu est sacrée entre gentlemen, vous le savez bien, dis-je, en haussant les épaules. Mais vous savez aussi que, entre gentlemen, on se doit une revanche.

— J'y suis tout prêt, s'écria Sir Archibald, tout prêt! Quel malheur que sur ce sabot odieux les cabines ne soient pas plus hospitalières! Nous ne pouvons tout de même pas jouer comme des pouilleux chinois sur un grabat ou par terre. Allons au bar.

Quelques instants après, nous étions attablés dans la salle commune : mon piège commençait à fonctionner.

Mais pour que je pusse en profiter, il me fallait être libre. J'ordonnais au petit Malais de chercher Bob et de me l'amener.

— Vous préférez jouer à trois? demanda Sir Archibald avec un plaisir manifeste.

— Oui, mais dans quelques instants, répondis-je, car je viens de me rappeler que je n'ai pas fermé mes bagages. Avec ces voleurs de matelots, il faut faire attention. Je veux demander à mon camarade de tenir les dés à ma place en attendant.

— Ah non! Ah non! cria Sir Archibald.

Puis, comme honteux de s'être laissé emporter par la méfiance, il ajouta :

— C'est... c'est avec vous que j'ai eu le plaisir de commencer la partie... alors... vous comprenez... nous devons la finir ensemble... si cela peut vous être agréable, je vous accompagnerai dans votre cabine et nous... nous bavarderons tandis que vous mettrez vos affaires en ordre.

Avais-je cru Sir Archibald plus naïf qu'il ne l'était, ou Van Bek lui avait-il fait la leçon d'une manière qu'il ne pouvait pas oublier, je l'ignore. Quoi qu'il en fût, j'étais terriblement embarrassé, lorsque Bob vint à nous.

Je vis tout de suite à son visage que mon appel ne lui plaisait guère. Il en avait peut-être deviné le mobile.

— Quelle bonne nouvelle? demanda-t-il. Van Bek est mort?

Bob usait de l'anglais assez imparfaitement. De plus, à cause de son débit rapide et sec, il posait les questions comme des affirmations. C'est pourquoi, je pense, Sir Archibald prit ce propos de mauvaise humeur pour un message véritable.

— Quoi? s'écria-t-il. Quoi! Van Bek... Est-ce possible?

Une émotion intense, un espoir qu'il ne se donnait même pas la peine de cacher, agitaient le vieil alcoolique. Une sorte de clarté enfantine visita ses yeux délavés et déchus. Il éleva faiblement les mains en un geste de grâce et de délivrance.

— Mon Dieu... mon Dieu..., commença-t-il.

Bob coupa rudement ce murmure insensé.

— Ne remerciez personne, dit-il. Et si vous avez des visions, soignez-vous!

— Mais... mais..., balbutia Sir Archibald.

Bob le jaugea d'un regard impitoyable et observa :

— Où diable peuvent se nicher les âmes d'assassins...

— Alors, alors, je me suis trompé? reprit Sir Archibald avec une amertume et une tristesse infinies.

Puis il supplia :

— Vous... vous ne direz à personne ce que vous avez entendu de moi?

Sans répondre à Sir Archibald, j'expliquai à Bob :

— Nous te voudrions comme troisième au jeu.

— Aucune envie!

— Écoute-moi...

Bob sortit sans daigner me répondre. J'hésitai un instant. Mais il représentait ma dernière chance.

— Je reviens tout de suite, criai-je à Sir Archibald.

Et je quittai la pièce à mon tour.

Bob, appuyé au bastingage, tenait sa figure plongée dans la brume. Je vins tout contre lui et dis à voix basse :

— C'est ainsi que tu tiens ta parole?
— Quelle parole?
— De m'aider.
— En quoi?

Bob me présenta son visage le plus fermé, le plus têtu, le plus cruel aussi. Je compris qu'il ne se contenterait pas d'allusions, de suggestions, qu'il ne voudrait rien entendre à demi-mot et qu'il me faudrait aller jusqu'au bout, jusqu'au fond de ma honteuse prière. Pour masquer cette humiliation, je fus agressif.

— Ne fais pas l'imbécile, dis-je à Bob. Tu sais parfaitement de quoi il s'agit.

— Cela te gêne tellement d'être plus clair?

Je fis sur moi-même un effort dont je tâchai que Bob ne s'aperçût pas et repris :

— J'ai besoin que tu retiennes le vieux.

— Pourquoi?

— Pour que je puisse voir Florence, fis-je en serrant les dents.

Bob ricana odieusement :

— Je croyais que tu en avais assez.

Et, parodiant mes propres paroles :

— Fini et bien fini!

Je me sentis rougir et criai :

— Ce n'est pas pour elle. C'est pour montrer à Van Bek...

— Que tu n'as pas peur de son Chinois, acheva Bob avec son ironie féroce. Très beau sentiment et qui convient à merveille à ton genre de beauté. Mais qu'ai-je à y voir?

— Tu m'as promis...

— Pardon, il s'agissait de Florence et pas de Van Bek, dit Bob rudement.

Il avait raison et, par là, mettait mon amour-propre au supplice. Forcé dans mes derniers retranchements, je devais ou renoncer à un secours indispensable ou avouer que mes dédains à l'égard de Florence n'étaient pas vrais.

Tous les hommes savent ce que peut coûter un pareil aveu, quand il est délivré à un témoin malveillant. Pour un jeune coq, la mortification était terrible. Pourtant, je me l'imposai. Dans ce combat de vanités contraires, celle qui me poussait à vaincre à la fois Florence et Van Bek et Bob et Sir Archibald et le gardien chinois me parut la

ятуя
ср-во для раковинных т...
игрушки на ёлку
спорт ламарь хз
                соль
                перец
КЛЕЙ

фарш чеснок/лучок

кетчуп: кварт. шт, 1
        королёк, 1/2 ставка
        ворч-душистое 30 мин

желатин есть
1/2 литра
воды тёплой
4 ч.л. соли
2 с.л. сахара
держим перемеш.
лимон (30, 30)
чпл: 1ч 30

- коробочку для
- столовых приборов
- ~~выбрать~~ МАСТЕРА (машинку)
- фотоаппарат (нотивазе)
- стол & стулья
- ~~скотч~~
- ~~ёлка~~
- ~~адрес Анюткин~~
- РАМКИ
- для билок/полок
- игрушки

- ~~ПАСПОРТ~~
2° ~~билеты~~ 3° VISA
- Рамки для фотографий
- для ~~ленок~~ - ложек
- ~~слоны~~
- ~~БИЛЕТ обратно~~
- RDV (виза)
- Антенна радио, куп.

PHOTOBOX
(~~EPF~~ (~~Pa Defense~~))
mon. ~~Leblats~~ (окна)
- камторе
  (Bath & Body w)
- ~~APDAC (scans нева)~~

plus importante. Mais j'éprouvai pour Bob une véritable haine.

J'aurais dû, sans doute, deviner que, dans son insistance, l'orgueil de ne pas obéir à mes ordres jouait un rôle moins essentiel qu'une jalousie bien naturelle et dont l'alcool n'émoussait plus la violence. Mais, à vingt ans, on a la chance de vivre avec une telle force et une telle plénitude que l'on n'a pas le goût ni le loisir de s'occuper d'un autre cœur que du sien.

Je simulai un sourire qui ne devait pas être beau à contempler et je dis à Bob :

— Non, mon petit (c'était le terme le plus blessant dont nous puissions user l'un à l'égard de l'autre), non, mon petit, tu ne te défileras pas si facilement. C'est Florence que je veux voir, c'est ma fantaisie, mon caprice. J'aime mieux m'ennuyer auprès d'une belle fille qui m'aime. C'est mon droit, je pense!

Bob hésita avant de répondre. Il n'avait prévu ni ce détour ni cette mauvaise foi. Je profitai de mon avantage et poursuivis avec une insolence accrue :

— C'est commode, lorsqu'on est saoul, d'engager sa parole. Tu ne trouves pas?

Et, de même que Bob avait usé de mes propres propos contre moi, de même j'employai les siens contre lui. Et je dis, tâchant d'imiter sa voix :

— Je suis à ta disposition, de n'importe quelle façon, pour t'aider à coucher...

— C'est fait et grâce à moi! interrompit Bob, dans un chuchotement furieux.

Il était très pâle et ses lèvres frémissaient en silence. Enfin, il respira profondément et reprit :

— Oui, c'est fait, grâce à moi. Je ne te dois plus rien.

Mon embarras alors fut plus cruel encore que tous ceux dont j'avais eu à souffrir. En effet, j'avais laissé croire à mon succès complet auprès de Florence. J'avais même tout fait pour en donner à Bob la certitude. Ce mensonge m'enlevait toutes mes armes.

Bob était sincère, Bob avait raison. Il s'était engagé à m'appuyer pour que Florence devînt ma maîtresse. A ses yeux, elle l'était. Il avait tenu ses engagements : il avait payé sa dette.

Mais moi, moi que devais-je faire? Reculer? Accepter la pénitence, après m'être montré d'une superbe que j'estimais admirable? Ou découvrir à Bob que je n'étais pas l'amant de Florence et que mes prétentions à cet égard n'avaient été qu'imposture?

Je crois que j'aurais été incapable de me résoudre à cette humiliation si Bob lui-même ne m'y avait obligé.

— Devrai-je la porter chaque fois dans ton lit? demanda-t-il avec un sarcasme qui devait être plein d'amertume, mais qui me parut manifester le plus injurieux mépris.

J'affectai un calme glacé et, forçant ma voix à un ton uni, pour empêcher que la vexation et la colère la fissent trembler, je dis lentement :

— Bob, tu ne mérites plus qu'un homme véritable te serre la main. Tu joues les crétins, pour renier un engagement d'honneur. Oh! ne prends pas cette figure de faux témoin... Tu sais très bien que je n'ai pas pu avoir Florence...

— Quoi! Tu veux me faire croire...

Bob n'acheva pas son exclamation, mais il murmura, réfléchissant à haute voix :

— Oui, évidemment, ce doit être vrai : tu ne te vanterais pas d'une chose pareille.

Une singulière détente libéra ses traits et son corps de la crispation qui les avait durcis pendant notre entretien. Je crus voir dans cet apaisement une raillerie nouvelle.

— Ne pense pas, repris-je avec un besoin invincible de faire souffrir Bob, ne pense pas que Florence m'ait repoussé. C'est bon pour toi, ça ! Il y a une différence entre nous deux, mon petit. A moi, elle m'a dit qu'elle m'adorait. C'est le temps seulement qui nous a manqué. Voilà où en est l'affaire. Mais ne t'inquiète pas, je ne te demande plus rien : je m'arrangerai tout seul. Je voulais simplement voir jusqu'où allaient les promesses d'un ivrogne. Maintenant, je le vois. Merci.

En cette minute, je ne savais vraiment plus où j'en étais. L'indignation que j'avais commencé par feindre était devenue réelle. Ma vanité à la torture, le besoin brûlant de justifier une attitude indignée déformaient les faits et les sentiments avec tant d'ardeur que je prêtais foi à ce que je disais.

Bob était un hâbleur, un vantard traître à sa parole et moi une victime de ma crédulité, de ma noblesse de sentiments, de l'élévation de mon âme.

Je tournai le dos à Bob, n'attendant plus rien de lui, dans un mouvement parfaitement plausible — puisqu'il était devenu sincère — de loyauté meurtrie.

Comment Bob n'aurait-il pas été pris à ce simulacre quand j'y croyais moi-même ? Ses mains s'enfoncèrent dans la chair de mes bras. Il me tira violemment en arrière et parla d'une voix sifflante :

— Excuse-moi de t'avoir cru plus dégourdi et rapide dans tes affaires d'amour. Puisque tu as besoin d'un siège en règle, je suis à ta disposition cette fois encore. Mais ce sera la dernière... ou alors... pour me débarrasser de toi... je tiendrai la métisse...

— Sois tranquille, répliquai-je sans m'apercevoir que je m'engageais d'une façon qui ne permettait plus de repli. Sois bien tranquille : il me faut un quart d'heure.

Ainsi fut résolu le destin de Florence.

— Ton plan? demanda Bob.

— Embarquer le vieux dans un poker très chaud. Qu'il soit mordu aux entrailles, au point de tout oublier, quand je vous laisserai tête à tête.

— Le crédit?

— Je paierai à Shanghaï. Il accepte. Attends... attends.

Je venais de voir dans mon projet une faille : Sir Archibald gagnant ne me laisserait pas quitter la table.

J'étais assez joueur pour savoir que seul l'homme qui perd gros et qui poursuit l'argent perdu se trouve complètement à la merci de sa passion. Je repris, plus pour moi-même que pour Bob :

— Il faudra manœuvrer serré, en professionnels. Le vieux doit courir après sa mise.

Bob aimait les cartes autant que moi. Il comprit sans autre explication. Mais il avait une dernière revanche à prendre.

— Nous *devons* gagner? demanda-t-il. C'est bien ça?

— C'est bien ça.
— Et si la chance est pour le vieux?
Je ne répondis rien.
Bob demanda encore, en scandant les mots :
— Tant pis pour lui tout de même?
Je ne répondis rien.
— D'accord! dit Bob.

Puis, comme pour bien souligner qu'il n'était que mon second, il s'effaça, criant avec une gaieté sinistre :

— Passe le premier, tu es le chef!
— Nous allâmes jouer la métisse.

— A la bonne heure! Je commençais à désespérer, soupira Sir Archibald en nous voyant revenir vers lui.

Il avait à sa gauche un cornet à dés, à sa droite un paquet de cartes. A portée de la main se trouvait une bouteille de whisky.

— Vous voyez, reprit-il, j'ai... j'ai tout fait préparer, pendant que vous conversiez.

— Nous avons été un peu longs, dis-je. C'est que...

Sir Archibald m'interrompit avec une bonne humeur complaisante.

— Ne vous excusez pas, je vous en supplie. Vous avez sûrement des affaires de service à régler pour demain à Shanghaï. Je comprends. Personne ne peut mieux comprendre que moi. Le service avant tout et...

Il coupa lui-même sa phrase pour demander :
— Nous commençons?

Sans dire un mot, Bob se mit à distribuer les cartes.

— Poker! s'écria Sir Archibald. Oh! quelle joie vous me donnez, mes chers lieutenants. Il y a des siècles que je n'ai pas fait un poker avec des gentlemen.

Bob me regarda en souriant. Ce sourire me fait mal jusqu'à ce jour.

Instinctivement, je cherchai un délai.

— Une seconde, dis-je. Comment jouons-nous? Relance limitée? Blind? A la cave?

— Je propose la hauteur de la plus forte masse, dit Bob. « Pot » sans respirer, puisque nous ne sommes que trois et j'enlève les six.

C'étaient des conditions infernales.

Je considérai Sir Archibald, en espérant que la crainte le ferait refuser. Il semblait en effet avoir la respiration coupée. Mais c'était d'extase. Je m'en rendis bien compte, lorsqu'il s'écria dans une sorte d'emportement fiévreux :

— Oui, oui, par le diable! Le jeu est le jeu. Pas de sentiment. Pas d'échappatoire. Je jouerais le sang de Dieu!

Je n'avais jamais entendu jusque-là Sir Archibald jurer. Je ne lui avais jamais vu non plus, comme il le fit en cet instant, frapper la table de son poing débile.

— Vive la jeunesse! s'écria-t-il. Vous me rajeunissez. A votre santé, gentlemen.

Il se redressa, s'inclina dans notre direction, but son verre et dit solennellement :

— Au travail!

Commencé sous de pareils auspices, notre poker prit tout de suite une allure d'agression.

Un homme averti du jeu devine presque à coup sûr à quel degré de tension et à quelles différences d'argent peut aboutir une partie, d'après sa tournure initiale. Mais, pour celle que nous entreprenions, personne ne l'aurait pu prévoir. Elle débutait dans une violence, par où, à l'ordinaire, les autres s'achèvent.

Je ne rapporterai pas ses phases, ses alternatives, les coups de calcul, les coups d'audace et les coups de chance. A quoi bon! Ceux qui ne connaissent pas ou n'aiment pas les règles et les hasards de ce jeu magnifique ne pourraient en goûter les péripéties. Les autres imagineront aisément l'ardeur et l'âpreté de notre affrontement.

En fait, des trois adversaires, c'était moi le plus faible. Ma nature ne me permettait ni la patience ni l'économie. Celle de Bob non plus, sans doute, ni celle de Sir Archibald, mais le premier avait sur moi l'avantage du sang-froid et le second nourrissait pour le jeu un culte si profond qu'il se soumettait entièrement à sa discipline. De sorte que, pour le poker, cet impulsif, cet alcoolique, ce fantoche, ce détraqué se trouvait mieux armé que nous.

Pourtant, mon désir de gagner à tout prix et l'enjeu tout spécial de cette partie firent que je me défendis assez bien.

Bob montra la même prudence. Au bout d'une heure, les positions étaient sensiblement égales et les différences peu importantes.

Mais j'avais épuisé mes facultés de contrôle sur moi-même. Outre que j'en avais fait un usage auquel j'étais peu accoutumé, le temps m'était trop mesuré pour que je fusse capable de prolonger une froide tactique. Il me fallait une décision et rapide. Je forçai les mises déjà excessives. Je voulus que chaque coup fût néfaste pour Sir Archibald. Je me mis à « bluffer » sans merci.

Mes premières tentatives réussirent, mais le vieux professionnel du poker perça vite la manœuvre. Les jetons chinois aux formes bizarres dont nous nous servions s'accumulèrent devant Sir Archibald. Car ma folie, en même temps qu'elle me faisait perdre, désorganisait complètement le jeu de Bob, l'entraînait dans ma débâcle.

— J'avais bien raison de vouloir m'abstenir, dit Bob avec une intonation singulière.

— Allons, allons, mon jeune ami, un peu de courage! s'écria Sir Archibald au comble de la béatitude. De quoi vous plaignez-vous? Il vous reste toute la vie pour vous refaire. Tandis qu'un pauvre vieux comme moi... Oh! le beau « pot »!

J'étais en train de distribuer les cartes et, usant de ce privilège, j'avais doublé l'enjeu habituel. Nous passâmes tous les trois. A la donne suivante, il en alla de même. La somme sur la table fut ainsi triplée. C'était la plus grosse que nous ayons connue de toute la soirée.

Bob me regarda fixement et dit :

— Il sera pour moi, je vous préviens.

— En tout cas, j'ouvre, répliqua Sir Archibald.

Il avança une poignée considérable de jetons. Bob et moi nous fîmes comme lui. Je donnai les cartes que chacun me demanda. Sir Archibald en voulut deux, Bob trois.

Au départ, le vieil Anglais était gagnant. Je jetai un coup d'œil sur mon jeu : il ne s'était pas amélioré. Je me trouvai hors de course. Sir Archibald « filait » voluptueusement. Mais Bob... que faisait Bob ?

Je vis sa main gauche glisser vers les cartes dont il s'était débarrassé et en reprendre furtivement une qu'il amalgama à son jeu. Et, pendant qu'il accomplissait le mouvement frauduleux, ses yeux durs, brillants, impitoyables, ne quittaient pas les miens. Me provoquaient-ils à un éclat, à un désaveu ? Lui plaisait-il de me montrer qu'il faut être prêt à tout pour satisfaire un désir, ou au contraire s'amusait-il à mesurer le degré de bassesse dont j'étais capable ? Car, si Bob trichait, c'était pour me complaire. Dans toute cette partie, il ne me servait que d'instrument : nous en étions convenus...

Oui, s'il trichait, c'était pour mon compte. Son regard me le montrait bien et la lenteur relative de son geste à la fois assuré, adroit et provocant.

Avec effroi, avec espoir aussi, je me tournai une seconde vers Sir Archibald : il avait peut-être remarqué... Mais le vieux joueur qui certainement eût surveillé sans relâche des partenaires dans un tripot, se laissait aller sur la *Rose de Java* à une bienheureuse confiance. N'avait-il pas affaire à des officiers, à des gentlemen, à des mains loyales ?

Celles de Bob, cependant, avaient achevé leur besogne. Il me restait encore un instant pour en empêcher l'effet.

Comme je maudis alors l'engrenage qui m'avait conduit jusque-là, qui, d'un homme libre de ses actes deux heures auparavant, tel que je l'étais, avait fait une sorte d'esclave soumis à d'absurdes démons. Deux heures plus tôt, je m'étais rapproché de Bob, je ne pensais qu'aux plaisirs inépuisables et faciles que nous promettait Shanghaï. Et maintenant je m'étais fait un ennemi irréductible de mon meilleur camarade, je me devais de coucher avec une fille avariée, j'avais à prendre la charge d'une escroquerie ignoble! Car je le sentais bien : je ne réagirais pas, je laisserais Bob tricher à mon profit.

Pourquoi cette passivité? Pour Florence? Sûrement pas. Je ne pensais plus à elle à ce moment, ou, si son image traversait mon esprit, je lui vouais une hostilité instinctive, comme à la cause initiale et répugnante de ma dégradation.

Alors? Était-ce le fait que ce poker n'ayant pas pour objet un gain régulier, je me trouvais le droit de ne pas tenir compte de l'honnêteté? L'absolution à tous mes gestes que je m'étais donnée par avance agit-elle sans que j'en eusse une nette conscience? La promesse que je me fis de rembourser l'argent ainsi volé m'excusa-t-elle à mes yeux? Ou bien le jaune brouillard que j'avais respiré tout le jour s'était-il introduit dans mon sang comme un principe de dissolution, de corruption, de perversion, comme un semis de larves?

Est-ce que je sais? Est-ce que l'on peut savoir?

Combien de fois ne m'est-il pas arrivé depuis — étant plus mûr et d'esprit et de sens, et placé dans des conditions normales —, combien de fois ne m'est-il pas arrivé de commencer une journée ou une nuit avec le dessein le plus innocent, le cœur le plus limpide et de les terminer dans le dégoût de moi-même, par une cascade funeste de causes en apparence insignifiantes, mais dont l'enchevêtrement et la masse me conduisaient insensiblement à des conséquences qui, auparavant, m'eussent paru impossibles.

Cruelles expériences que celles-là, où l'on apprend à connaître sa faiblesse, où se détruit l'estime que l'on peut avoir pour soi et qui n'a pour seul bienfait que cette indulgence mélancolique dont on est bien forcé d'envelopper les actions humaines, si l'on veut s'accorder le droit de respirer. Mais j'ignorais encore ce sentiment, lorsque la *Rose de Java* berçait mes passions et mes misères sur le Wang-Poo.

Ce fut avec le sentiment d'accomplir un crime que je suivis le développement désormais fatal de la partie.

Bob gagna le gros « pot ». Il s'était fabriqué un *full*. S'il n'avait pas repris la carte qu'il lui fallait, il eût été battu avec ses deux paires.

Ce premier choc déséquilibra Sir Archibald. Lui aussi enfla ses mises, lui aussi se mit à bluffer à tort et à travers. Bob n'eut plus besoin d'aider la chance : maître de ses nerfs, il était le maître du jeu. Bientôt, grâce à lui, je sentis que le but était atteint que je m'étais proposé : Sir Archibald avait complètement perdu la notion du réel.

Mais, de ce succès je ne pensais plus à profiter. Je ne désirais plus rien, je n'avais plus de goût à rien. Je maniais mécaniquement les cartes et les jetons, je prononçais en automate les paroles rituelles :

— Ouvert...
— Relance...
— Tenu...

Une sorte de torpeur m'accablait, au creux de

laquelle passaient, très vagues, les figures de la métisse et de son gardien. Et même le coup de timbre qui fit sortir le boy malais ne réussit pas à me tirer de mon hébétude. Pourtant, la sonnerie ne pouvait provenir que d'une cabine et... puisque les autres étaient vides... que de la cabine occupée par Florence.

Mais que m'importait cette fille! Je l'avais par avance payée d'un prix trop lourd. Bob avait trouvé une vengeance à laquelle je ne pouvais plus rien. Du moins, je le croyais.

— Tu ne vois pas que le mousse t'appelle! me dit soudain Bob.

Je crus à une plaisanterie de mauvais goût. Mais c'était vrai. L'enfant, du couloir, me faisait signe.

— Qu'y a-t-il? demandai-je.

— Je suis passé devant chez toi, dit le mousse. Il faut que je te montre quelque chose.

Il me fut aisé de comprendre que le petit Malais avait à me délivrer un message de Florence. Je me levai sans hâte, disant :

— Je reviens tout de suite.

Quand nous fûmes dans la coursive, j'ordonnai avec impatience à l'enfant :

— Eh bien, parle! Qu'est-ce qu'elle me veut?

Le mousse ne répondit rien et me mena devant *ma* cabine.

Je demandai :

— Alors, c'est vraiment...

Je ne pus continuer. L'enfant avait poussé la porte. Florence était sur ma couchette.

XII

— Comment as-tu fait?

Je n'avais même pas pris le soin de refermer la porte pour crier cela. La surprise n'était pas la cause essentielle de mon imprudence et de mon avidité à savoir. Un sentiment beaucoup plus profond et douloureux me poussait : mon stratagème était inutile; ce stratagème qui m'avait conduit si bas.

Quelle dérision! Pour avoir voulu gagner un libre accès dans la cabine de Florence, j'étais allé jusqu'à supplier Bob de tricher aux cartes. Et par ses propres moyens, Florence était chez moi.

Je répétai avec une fureur sourde :

— Comment as-tu fait?

— Quelle importance, mon amour? demanda la métisse avec douceur.

— Il faut... il faut que je sache.

Florence me sourit, comme elle aurait fait à un enfant capricieux, et dit :

— La porte de communication. J'ai fini par défaire la serrure, je suis passée derrière Sao, je n'avais pas de souliers : il ne m'a pas entendue... Tu es content maintenant?

— Oui, oui, murmurai-je.
— Alors, viens plus près de moi, ma vie.
— Attends... attends... je dois aller dire aux autres...

Je courus vers la salle commune. Mais je n'eus même pas à m'excuser auprès de Sir Archibald. Ma réussite avait dépassé mon espérance : le poker à trois était devenu un poker à deux. L'intoxiqué du jeu n'avait pu se résoudre à perdre quelques minutes. Maintenant, plus rien au monde ne l'intéressait, pourvu qu'il tînt des cartes et remuât des jetons.

Bob, s'il m'aperçut, ne me fit pas la grâce de me le faire comprendre.

Quand je retrouvai Florence, j'étais parfaitement calme. Cela m'arrivait toujours lorsque je me sentais mené par des forces qui échappaient à mon pouvoir. Peu importait que je les eusse moi-même provoquées, déclenchées. Elles étaient en marche, je m'y abandonnais sans regret ni crainte.

Je verrouillai donc soigneusement ma cabine et pris plaisir au spectacle que m'offrait Florence, car elle était plus belle qu'elle ne l'avait jamais été.

Elle gisait immobile sur le dos, la tête reposant dans l'anse que formaient ses bras couleur d'ivoire mat, noués derrière sa nuque. Ses pieds étaient nus. Elle portait le même peignoir que la veille, mais, quelque sordide que fût la lumière dispensée par l'ampoule électrique, la clarté était suffisante pour donner tout son prix à un corps que j'avais tenu contre le mien, mais que la nuit avait dérobé à mes yeux.

Je demeurai longtemps à le contempler. Chacun de ses muscles se devinait à travers l'étoffe légère, aussi adhérente que si elle avait été mouillée. Et la richesse et la plénitude et la finesse de la jeune chair...

Un instant l'idée me vint que cette pulpe magnifique dissimulait la corruption du fruit. Mais cette image se dissipa aussitôt, sans le moindre effort de ma part.

Mon insouciance, mon inconscience, la certitude en mon étoile intervenaient une fois de plus.

Je n'avais aucune crainte à vaincre, pour me mêler à une femme malade puisque ma chance, j'en étais sûr, me protégeait de son mal. Il suffisait qu'elle m'inspirât un désir suffisant.

Or un émouvant, un extraordinaire pouvoir sensuel émanait de Florence.

J'oubliai Bob, Sir Archibald, moi-même enfin.

J'avais uniquement besoin de prendre cette femme et ce besoin, je sus que le moment était enfin venu où il serait assouvi. Dans les yeux de Florence agrandis, lumineux, heureux et craintifs, je découvris la plainte et l'appel sans merci.

Ce fut alors une sorte de songe brutal. Je me défis de mon uniforme. L'électricité s'éteignit : ce fut le seul combat que me livra Florence.

Je ne me souviens que très confusément du contact le plus étroit avec son corps, d'une opposition étrange à laquelle Florence ne sembla pas prendre part, de mon triomphe enfin.

Quand je revins à moi et que je fis la lumière, je crus véritablement que les émotions de la journée avaient fait trébucher ma raison...

Ces traces sur ma couchette, cette souffrance

purement physique dont le visage de Florence était encore crispé... est-ce que... non, ce n'était pas possible. Mais soudain je me rappelai cette singulière résistance toute passive que j'avais dû vaincre et je bégayai :

— Mais tu étais... tu étais... tu n'avais pas connu d'homme avant... avant...

Pour toute réponse, Florence se serra contre moi d'un mouvement dont la sincérité, la violence et la joie eussent dû m'emplir de la tendresse la plus vive et la plus dure.

Mais je la repoussai, pour mieux réfléchir, pour mettre quelque ordre dans les pensées, les sentiments qui, soudain, m'assaillaient.

Florence... oui, Florence... il fallait me résoudre à y croire, Florence était vierge.

« Florence vierge... Florence vierge... »

Je dus répéter, marteler intérieurement ces deux mots, pour parvenir à les accoupler dans une même notion, pour la rendre compréhensible, acceptable. J'en étais si loin, quelques secondes plus tôt!

Oui, j'avais eu Florence intacte. Mais alors... alors... elle ne pouvait pas être malade. Alors, ce n'était pas à cela qu'elle avait fait allusion, lorsque dans le canot elle avait supplié :

— Il ne faut pas... pour toi...

Mais alors, que signifiait l'horrible mensonge de Sir Archibald? Mais... mais... il n'était pas son amant. Alors, pourquoi cette jalousie, ces scènes hystériques, cette quasi-séquestration? Qu'est-ce que voulait dire ce jeu aussi imbécile que dangereux? Et les violences de Van Bek? Et mes ruses? Et toute cette démence? Qui était la dupe? Qui, la victime?

Sans m'occuper davantage de Florence, je sautai de la couchette, m'habillai avec une hâte frénétique, m'élançai vers le bar.

Sir Archibald et Bob y continuaient leur poker de fous.

Je balayai d'un revers de main les cartes, les jetons, les verres et criai :

— Assez! Assez! On n'a plus besoin de cette comédie!

— Écoute... commença Bob d'un ton menaçant.

Mais il ne poursuivit pas : l'expression de mon visage avait dû lui faire sentir que l'événement qui me faisait agir dépassait nos querelles.

— Mais j'ai perdu beaucoup, glapit Sir Archibald. Vous devez me laisser une chance de...

Je l'interrompis sauvagement :

— Allez au diable avec votre chance! Il n'y a ni perte ni gain à cette table, nous vous avons triché.

— Quoi... quoi? balbutia Sir Archibald, tandis que sa tête oscillait d'un côté à l'autre comme celle d'un pantin rompu.

— Oui, oui, triché, répétai-je. Mais pas autant que vous! Cette maladie...

— Oh! vous avez donné votre parole d'officier de n'en parler devant personne, gémit Sir Archibald.

— Je vois que je suis de trop! remarqua Bob.

— Non, reste ici, criai-je en voyant le mouvement qu'il faisait pour sortir. Reste ici, te dis-je! Et vous, Sir Archibald, venez tout de suite avec moi, nous allons nous expliquer une fois pour toutes.

Je précédai le vieil Anglais dans la coursive,

donnai en passant un tour de clef à ma cabine et attendis sur le pont.

Une minute après, Sir Archibald parut. Il ne pensait plus au jeu : une inquiétude mortelle le défigurait.

— Qu'est-ce que... oui, parfaitement... qu'est-ce que... vous me voulez? murmura-t-il péniblement.

— Je veux comprendre, criai-je.

— Mais quoi, mon Dieu?

— Tout, oui, tout : pourquoi vous êtes sur ce bateau, pourquoi vous pleurez, vous tremblez sans cesse, en pensant à Van Bek, ce que fabrique Florence dans vos histoires?... Et d'abord... d'abord, pourquoi vous lui avez inventé la syphilis?

— Mais j'ai... je... Ce n'est pas vrai, je n'ai rien inventé.

— Écoutez, Sir Archibald, vous me prenez vraiment pour un idiot! N'est-ce pas sur ce pont, à cet endroit même que vous...

— Oui, oui... je l'ai dit.

— Eh bien?

— Eh bien... ce n'est pas inventé... c'est vraiment la vérité.

Je secouai Sir Archibald si fort que j'eus peur de voir se défaire son corps osseux et mal ajusté. En même temps je l'insultai :

— Si vous étiez moins vieux, si vous n'étiez pas un débris vivant, quel plaisir j'aurais à vous mettre la figure à l'envers!

Je lâchai brusquement Sir Archibald : il s'affaissa à moitié, ne protesta pas contre mes manières de brute, se releva en geignant.

— Voulez-vous me dire alors qui a contaminé Florence? demandai-je.

— Oh!... au nom du ciel, je vous en supplie! chuchota Sir Archibald.

— Je ne vous laisserai pas en paix avant que vous ne m'ayez répondu.

— Est-ce que je sais! dit le vieil Anglais avec une sorte de hoquet... Un homme.

— Alors, cet homme ne peut être que moi!

— Pourquoi? Pourquoi? hurla Sir Archibald. Que voulez-vous dire? Par pitié!...

— Je veux dire que Florence était vierge.

— D'où le savez-vous?

A ce cri rauque, affreux, sorti des entrailles plus que de la gorge, j'eus le courage de répondre sur le même ton que j'avais employé jusque-là.

— Bon Dieu! m'écriai-je. Vous ne voyez donc pas, vieil imbécile, que je viens de coucher avec elle?

— Non, non... ce n'est pas... chuchota Sir Archibald.

Et il s'affaissa lentement sur le pont.

« Ce grotesque s'est évanoui. Il ne manquait plus que ça! »

Telle fut la seule pensée charitable que m'inspira l'effondrement de Sir Archibald. Et, si je le relevai, si je le portai jusqu'au bar et versai dans sa bouche entrouverte une forte dose de whisky, je ne fus pas guidé par une pitié que j'étais incapable d'éprouver pour cet homme; ce qui me talonnait, c'était le besoin de savoir.

Bob me surprit parmi ces soins.

— Ah! ah! Le polichinelle est cassé! dit-il.

Et il poursuivit :

— J'ai vu que tu réservais notre cabine à ton usage personnel. Oh! ne t'en excuse pas, je t'en prie : tu as bien gagné ta nuit de noces.

Et il s'en alla.

Sir Archibald reprit connaissance plus vite que je ne l'aurais cru. Un égarement profond et authentique marquait son visage, mais le fil de sa pensée n'avait pas été rompu par son évanouissement. Il murmura :

— Ainsi, vous me l'avez prise.

Je parlai aussi calmement qu'il me fut possible, car je craignais de voir Sir Archibald défaillir de nouveau, ce qui eût retardé indéfiniment un entretien dont j'espérais toute la lumière.

— Écoutez, dis-je, voulez-vous me répondre raisonnablement? Parfois vous en semblez capable. Espériez-vous vraiment garder pour vous seul une belle fille que vous ne touchez même pas! Par impuissance, je suppose!

— Oh! taisez-vous! Pour l'amour de Dieu! Vous ne pouvez pas savoir ce que vous dites, malheureux!

Déjà, la veille, Sir Archibald m'avait étonné par la vérité d'un cri nu, vivant et pathétique. Cette fois encore — et d'une manière beaucoup plus intense — j'eus l'impression que cet homme m'était inconnu. Mais en quoi?

A tant d'énigmes, une autre s'ajoutait. Et déjà l'irritation commençait d'attiser ma cruauté, lorsqu'un murmure d'une douceur atroce parvint à mes oreilles.

— Mon enfant, ma pauvre petite enfant! disait Sir Archibald.

Il avait enfoncé l'arête émaciée de son menton dans ses paumes instables et des larmes petites, ridicules, couraient sur son visage, par les rigoles minuscules de ses rides.

— Mon enfant! Ma pauvre petite enfant! pleurait Sir Archibald.

C'était si simple et si clair que je frémis. Je parlai très difficilement.

— Vous... vous êtes... son père, n'est-ce pas? demandai-je.

Il inclina humblement la tête.

— Et vous avez... continuai-je, la bouche sèche, vous avez imaginé cette histoire de maladie afin de m'écarter définitivement?

Le visage humide se courba davantage.

— Mais pourquoi, pourquoi toute cette mascarade? criai-je, feignant une colère que je n'éprouvais plus, pour ne pas m'avouer que le spectacle de cette douleur tranquille éveillait en moi un sentiment dont je me refusais à reconnaître l'essence.

— A cause de Van Bek, dit Sir Archibald.

Il se tut. Lui, si volubile à l'ordinaire, si prolixe en détails vains. Et je dus continuer à lui arracher chaque mot.

Et plus avançait cette sorte d'interrogatoire, plus je me sentais mal à l'aise, parce que la sobriété même de l'expression chez Sir Archibald lui conférait une dignité singulière que contredisaient affreusement ses révélations.

J'étais à cette époque malhabile à percevoir et à admettre la complexité, les contradictions de la nature humaine. Par l'ouverture que me donna sur elle Sir Archibald, je commençai d'entrevoir que souvent il n'y a rien de commun entre les aspirations d'un être, entre la façon dont il envisage l'existence et celle dont il la vit.

— Van Bek? repris-je. Oui, je sais bien qu'il

vous terrifie, mais tout de même, vous n'êtes pas un coolie chinois et, s'il le veut, un homme libre...

— Je ne suis plus un homme libre, interrompit doucement Sir Archibald.

— Depuis quand ?

— Depuis vingt ans : l'âge de Florence...

— Mais quel rapport y a-t-il entre Florence et cette immonde brute ?

— Elle est à lui.

— Quoi ? Vous devenez fou ? criai-je.

Sir Archibald secoua lentement la tête et, en vérité, jamais lueur aussi raisonnable n'avait éclairé ses yeux.

Je poursuivis avec violence :

— Vous n'allez tout de même pas essayer de me faire croire que vous avez vendu votre fille ?

Le vieil homme ne répondit rien.

— En tout cas, fis-je les dents serrées, même si vous êtes allé jusque-là, les marchés de cette sorte n'ont plus cours légal à notre époque, que je sache. Il y a partout, sur la côte, des gendarmes, des juges, des représentants de l'Europe.

— Je sais, je sais, murmura Sir Archibald, je l'ai été moi-même... J'ai été au service de Sa Majesté.

Il se laissa surprendre par une longue rêverie.

Je compris que je faisais fausse route en le harcelant de questions désordonnées. Chacune d'elles lui rappelait des perspectives de souffrance et de gloire qu'il tenait pour acquises et qu'il ne pensait pas à me raconter.

Pour long, difficile et confus que risquait d'être le récit de sa vie, c'était depuis le début que je devais la connaître, si je voulais que le drame auquel j'avais pris une part si brutale et obscure me devînt intelligible.

Alors, bribe par bribe et lambeau par lambeau, et à travers des détours et des retours sans fin, tantôt par la douceur et tantôt par la dureté, je forçai Sir Archibald à retracer pour moi la courbe de sa destinée.

XIII

Sir Archibald était né d'une famille de petite noblesse dans le Sussex. Son père avait acquis une assez grosse fortune dans le commerce des denrées exotiques. Dès son enfance, Sir Archibald avait entendu et aimé les noms des pays brûlants, des îles lointaines, dont les prestiges sont si forts au milieu des brouillards anglais. C'est le désir de les connaître qui, après de bonnes études, l'avait dirigé vers la carrière diplomatique. Ses parents avaient approuvé ce goût, digne d'un gentleman.

Ainsi, vers l'âge de trente ans, Sir Archibald se trouva remplir les fonctions de vice-consul britannique dans l'île de Java.

Lorsque j'appris ce détail, je ne pus retenir une exclamation de stupeur :

— Vous n'avez que cinquante ans?

— Cinquante-deux! dit Sir Archibald. Pourquoi?

Il ne comprenait pas ma surprise : les miroirs ne parlaient plus pour lui. Je n'insistai pas.

Dans les Indes néerlandaises, Sir Archibald mena la vie agréable que lui ménageaient son titre, ses fonctions, ses ressources. Sans doute, il aimait déjà le whisky et les cartes, mais sans que cela dépassât les limites des divertissements honorables.

Un soir, après avoir présidé au Club Anglais un dîner en l'honneur d'une équipe de rugby victorieuse, venue de Londres, Sir Archibald, ayant bu un peu plus qu'à l'ordinaire, se laissa entraîner par quelques-uns des robustes garçons qui étaient les hôtes de la colonie jusqu'à un établissement de danses. Il n'avait jamais voulu le connaître auparavant : les Malaises, les Chinoises, bref les femmes de couleur y étaient reçues. Mais comment résister aux sollicitations pressantes d'équipiers qui venaient de faire honneur au Royaume-Uni ?

— La boîte était tenue par Van Bek, dit Sir Archibald.

Et il ajouta sourdement :

— Bonne famille, lui aussi, mais dévoyé de naissance et par sa propre volonté, son propre goût.

Van Bek s'empressa servilement auprès du vice-consul. Rien n'était trop beau pour un tel visiteur. Il mit à sa disposition et à celle de ses invités toutes les ressources de la maison en alcools et en femmes.

Parmi ces dernières, il y avait une Chinoise du Nord, grande et belle, la peau à peine teintée et dont le visage ne portait pas trop ces marques de l'Orient que Sir Archibald, en Anglais nourri de traditions, détestait organiquement. Dans l'état d'ivresse qui était le sien ce soir-là et auquel il n'était pas accoutumé, elle lui plut.

Comment se retrouva-t-il près d'elle, dans une chambre de la maison de danses ? Il ne pouvait pas le dire.

Pourquoi, pendant quelques mois, revint-il la voir en cachette, aidé discrètement par Van Bek ? Il ne le savait pas davantage.

Le résultat fut que la Chinoise se trouva enceinte et que Florence vint au monde.

La plainte désespérée qui, à ce souvenir, échappa à Sir Archibald, parut l'étouffer. Il renversa en arrière son buste frêle, chercha difficilement sa respiration et chuchota :

— Le vice-consul de Grande-Bretagne avait une fille illégitime et cette fille était métisse et cela, à la fin de l'autre siècle, sous la grande reine Victoria.

Sir Archibald me considéra en silence. Il ne trouvait pas d'autres mots à la mesure du désastre.

— Pour sortir d'une situation pareille, continua-t-il, il fallait être terriblement fort, terriblement adroit. Je n'étais ni l'un ni l'autre.

Un nouveau silence suivit. J'essayai de superposer à l'image du vieillard précoce que j'avais devant moi celle de Sir Archibald au temps où Florence était née. Il devait être pareil à ces jeunes fonctionnaires anglais que j'avais vus au cours de mon voyage : minces et merveilleusement lavés, sans préoccupation profonde, corrects, distants et naïfs, protégés contre l'univers par leur orgueil, leur éducation et tout un réseau de règles strictes auxquelles il leur était doux de se plier. C'est-à-dire sans aucune défense contre la passion ou même l'accident.

Sir Archibald, en effet, se trouva d'un seul coup débordé, affolé, noyé.

Par conséquence naturelle, il chargea complètement Van Bek de son salut. Ce fut Van Bek qui fit accoucher clandestinement la Chinoise, ce fut lui qui expédia la mère et la fille dans un village des montagnes, ce fut lui qui garantit à Sir Archibald le secret absolu. Mais, en contrepartie, il exigea certains avantages.

D'argent, pour commencer.

Sir Archibald était riche et ne lésina point.

Bientôt, cependant, Van Bek ne se contenta plus d'un salaire. Il s'occupait, dès cette époque, de contrebande : tabac, alcool et opium, telles étaient ses spécialités.

Il usa pour ce commerce des relations de Sir Archibald et de son influence. Quand Van Bek demanda que la valise diplomatique servît à ses fins et que le vice-consul se révolta, il était trop tard. Van Bek menaça de révéler non plus seulement l'existence de la petite métisse, mais toutes les facilités que lui avait accordées Sir Archibald pour son trafic.

Le mécanisme du chantage ne laissait plus aucune possibilité d'évasion.

Et la vie double de Sir Archibald continua. En apparence, il était le représentant respecté, redouté, fêté du plus grand empire des terres et des mers; en réalité : l'instrument passif et tremblant d'un criminel. Car Van Bek ne se gênait plus devant Sir Archibald. Il lui exposait ses combinaisons, ses marchés de drogues, de femmes et lui laissait deviner que les vies humaines faisaient partie de ses risques professionnels.

Pour oublier, ne fût-ce que quelques heures, cet esclavage, Sir Archibald buvait et jouait de plus en plus. Il finit par perdre le contrôle de ses actes, le sentiment de la prudence la plus élémentaire, accumula faute sur faute : bref, il fit si bien que l'on découvrit son association avec Van Bek.

Le scandale fut éclatant. Ruiné, déshonoré, Sir Archibald n'échappa à la prison que grâce à l'immunité diplomatique. Quand il donna sa démission, l'affaire était classée, ou étouffée, comme on voudra.

Van Bek profita de l'accalmie pour disparaître. Il emmena Sir Archibald. Que pouvait faire d'autre ce dernier que de suivre le colosse ? Il n'avait plus ni fortune ni emploi. Déjà il était intoxiqué par l'alcool. Rien n'aurait pu le décider à revenir en Angleterre. Comme pour tant de ses concitoyens, elle était pour lui une île sacrée, où les déchus n'ont pas droit d'existence. Enfin, Van Bek emportait Florence, qui avait alors six ans.

— C'était bien naturel, m'expliqua Sir Archibald avec un sourire misérable. La mère était morte et Van Bek s'était toujours occupé de l'enfant.

— Mais vous ? demandai-je.

— Oh ! moi, qu'est-ce que je pouvais ?... Qu'est-ce que je pouvais ? Personne ne devait savoir. Alors, de temps en temps, Van Bek me l'amenait dans la montagne. C'est tout !

— Vous l'aimiez ?

— Comme mon péché et comme mon salut.

La voix de Sir Archibald avait tremblé pour la première fois, durant cet interminable aveu. Les autres blessures ne comptaient plus pour lui : elles étaient trop anciennes. Elles avaient frappé un autre homme. Mais celle qu'il évoquait maintenant, celle-là était toujours brûlante.

Je le sentis davantage encore à l'animation soudaine et douloureuse avec laquelle il se mit à parler.

— Tout le reste, dit-il, je le pardonne à Van Bek. Tout, vous entendez, même ce qu'il a fait de moi par la suite. Mais Florence, ma petite fille, ça c'est inexpiable. Elle était déjà d'une beauté sans pareille, quand nous nous sommes enfuis de Java et c'est à ce moment, j'en suis sûr, que l'idée monstrueuse est venue à Van Bek. Vous avez vu ses lèvres ? Ce sont des limaces. Ce sont des lèvres qui convoitent et salivent longtemps avant de se repaître. Eh bien, c'est de cette façon qu'il a voulu Florence.

« *Il a décidé de l'avoir un jour pour femme.*

« Mais il lui fallait d'abord la préparer, l'orner, la cultiver, comme une plante rare. Il l'a menée au Japon. Il l'a confiée à des religieuses françaises. Il n'a ménagé ni les recommandations ni l'argent. Il a exigé qu'elle apprît les bonnes manières, les langues européennes. Aucun raffinement d'éducation ne lui a été refusé.

« Je vous le dis, je vous le dis, pendant dix ans, il s'est préparé une fiancée pure, merveilleuse. Il a patiemment attendu qu'elle fût à point, qu'elle fût parfaite. »

Sir Archibald grinça des dents si fort que tout son visage en fut convulsé. Puis il s'écria :

— Vous ne m'interrogez plus. Comme c'est curieux ! Juste au moment où les choses deviennent intéressantes, véritablement !

Il avait raison. J'étais paralysé par un insurmontable dégoût. Ma jeunesse, pour violente qu'elle fût, ne connaissait que les désirs nets et sains. Ce que me dévoilait Sir Archibald me paraissait ternir l'éclat, la richesse du monde.

Je ne pus que répondre :

— Mais comment, comment n'avez-vous pas empêché ?...

— Oh ! moi, ricana Sir Archibald, moi !...

Il fit de ses longues mains débiles le geste de jeter une pelletée de terre sur un corps.

— J'étais un mort vivant. Je ne comprenais rien. Je ne voyais rien. J'avais même de la reconnaissance à Van Bek. Il m'a fallu des années pour m'apercevoir. Pouvais-je imaginer ? Et même si je l'avais pu, j'étais lié et toujours davantage. Chacune de ses opérations, Van Bek me la faisait endosser. Je suis devenu son homme de paille. Dieu ! Où n'avons-nous pas « travaillé » ! Depuis Singapour jusqu'en Australie et au Tonkin et sur les côtes de Chine. Van Bek avait des accointances partout. Il a vendu des perles volées, de la drogue pour laquelle on tuait, il a vendu des coolies, des femmes, et c'était toujours moi qui servais de prête-nom.

« Il a des lettres et des documents avec lesquels il peut me faire pendre. Je ne pouvais pas résister : j'étais pris dans l'engrenage. Et puis, il y avait Florence que nous allions voir chaque printemps et qui grandissait, toujours plus belle. »

Sir Archibald eut encore cette aspiration douloureuse qui ressemblait à un râle étouffant.

— Whisky ! ordonna-t-il avec une impatience sauvage, au mousse qui en cet instant traversa la salle.

L'enfant nous servit à boire.

— Va-t'en ! cria Sir Archibald.

Le petit Malais m'interrogea du regard.

— Oui, oui, murmurai-je.

Sir Archibald continuait son récit. Ce n'était plus pour moi qu'il parlait maintenant...

— Florence arrivait à sa douzième année quand Van Bek, pour la première fois, l'embrassa, la caressa. J'étais là, mais je ne fis pas un mouvement. La surprise... la peur... la faiblesse. Tout ensemble. Mais Florence déchira de ses ongles la figure de Van Bek. Il en parut ravi. « Dans quatre ans, me dit-il, elle sera plus farouche encore, et c'est tant mieux ! »

« Seulement, au bout de quatre ans, il y eut la guerre. Elle nous surprit du côté de Sydney. Notre bateau battait pavillon britannique : il fut réquisitionné. Pour revenir au Japon, il nous fallut attendre, attendre, attendre. C'est pourquoi, depuis 1914, je n'avais pas revu Florence. Voici quelques jours, elle m'a reçu comme un étranger.

— Et Van Bek? demandai-je.

— Elle n'a pas voulu le voir. Elle est restée enfermée dans sa cabine. C'est... oh! je peux bien le dire maintenant... c'est à cause de vous qu'elle en est sortie. Je... voulais l'empêcher à tout prix...

— Pourquoi? Mais pourquoi donc? Vous haïssez Van Bek.

— Oui, oui. Mais j'ai peur. J'ai si peur de lui, si peur pour elle!

Sir Archibald baissa la voix, jusqu'à un chuchotement à peine perceptible.

— Il est pris à son propre piège. Il l'aime comme un dément. Il s'est préparé à sa nuit de noces depuis quatorze années. Il a baptisé le cargo *Rose de Java* en son honneur. Il doit l'épouser à Macao, ce repaire où tous les pirates sont ses amis. S'il ne trouve pas Florence, comme il s'y attend, intacte, il l'étranglera, je le sens, je le sais... et... et maintenant, c'est fini, il la tuera. Voilà ce que vous avez fait. J'ai pourtant tout essayé, tout!

Les mains de Sir Archibald recouvrirent de nouveau son visage, comme pour lui cacher une vision qu'il ne pouvait pas supporter.

Mais alors réagirent en moi toutes les forces, toutes les impatiences, toutes les vertus de mon âge, fortifiées, exaltées par une vie libre et hardie.

Je saisis les poignets de Sir Archibald, je les arrachai de sa figure qu'il voulait rendre aveugle et criai :

— Van Bek ne tuera pas Florence. Van Bek n'épousera pas Florence. Je vous forcerai bien à la défendre.

Sir Archibald me regarda en hochant la tête, comme un vieux cheval à bout de forces.

— La défendre ? Comment ? demanda-t-il.

— Vous irez voir le consul anglais.

— Pour qu'il me jette en prison ? Je vous dis que Van Bek peut m'envoyer à la potence.

— Vous tenez tellement à ce qui vous reste à vivre ?

— Vous verrez, dit doucement Sir Archibald, qu'à partir d'un certain âge on ne se décroche pas si facilement de l'existence. Mais il ne s'agit pas de cela. Que deviendra ma fille ? Une danseuse pour matelots ? Une chanteuse pour Chinois ? Elle est de sang anglais, tout de même, ne l'oubliez pas. Et de bon sang. Van Bek est riche... Van Bek est d'une famille honorable... Van Bek mourra un jour et alors, Florence...

J'interrompis ces phrases par lesquelles Sir Archibald avait essayé sans doute de se consoler mille fois.

— Est-ce qu'elle l'accepte ?

Sir Archibald me considéra d'un regard sans expression.

— Mais elle ne sait rien ! dit-il. Je n'ai pas eu le courage de lui rien expliquer.

Il plongea de nouveau sa tête dans ses mains. Ses épaules se soulevaient spasmodiquement. Il n'y avait rien à tirer de cette épouvantable déchéance où se confondaient la lâcheté, l'épuisement physique, la honte et la plus déchirante douleur.

— C'est bon ! dis-je soudain. Je vous emmène en Europe !

D'où m'était venue cette décision à laquelle je ne m'attendais pas et qui m'étonna aussi fort que si un autre l'eût prise à ma place ?

Ce n'était point le désir de sauver Sir Archibald, ni même Florence, qui me poussa. Il me parut impossible d'accepter qu'un homme pût, par la terreur et l'argent, disposer à sa guise de deux êtres humains. Je me révoltai au nom d'une notion abstraite, et pour satisfaire le démon de liberté, de violence, d'audace que je portais en moi et par qui j'aurais aimé que l'univers fût gouverné.

Je demeurai cependant effrayé de l'effet que produisirent mes paroles sur Sir Archibald. Il se dressa tout grelottant d'une colère sénile et, ses gestes n'obéissant plus à sa volonté, il essaya en vain de m'agripper par les revers de ma vareuse.

— Vous n'avez pas le droit... cria-t-il. Je vous défends... je vous défends...

— Mais quoi? Mais quoi donc? murmurai-je.
— Vous plaisantez, vous m'insultez! Et moi, je vous ai tout dit, je vous ai confié tout, parce que... parce que vous avez plu à Florence. Pourquoi vous moquer de moi?
— Mais je n'y pense même pas! m'écriai-je. Mais je vous parle sérieusement. Je ne veux pas vous laisser à Van Bek.

Les mains de Sir Archibald avaient fini par atteindre mes épaules. Il hissa son visage vers le mien et me considéra longtemps, longtemps.

— Vous y avez vraiment pensé, chuchota-t-il, comme incrédule. Mais... vous n'avez pas un sou!
— Je m'arrangerai. N'ayez crainte! fis-je fermement. Le consul de France... la colonie française... J'ai des lettres d'introduction. J'expliquerai le cas, j'emprunterai.

La surprise radieuse, la gratitude sans nom qui se peignirent sur la figure de Sir Archibald me parurent absurdes et gênantes. Qu'importait l'argent que j'aurais à me procurer. Mon imprévoyance naturelle avait reçu de la guerre une sorte d'encouragement vertigineux.

Comment penser au lendemain, quand ce lendemain était à chaque minute menacé?... Notre voyage sans but, notre bordée autour du monde couronnait la morale des combats. Partout on nous recevait comme des triomphateurs. Partout, les soldes étaient décuplées par les frais de route. L'argent devenait un signe négligeable, facile à obtenir, voué à la dissipation. Mes désirs avaient eu jusque-là le pouvoir de se tirer des circonstances, comme un magicien sort l'as d'un jeu de cartes.

En bref, il ne me coûtait rien — dans tous les

sens — de promettre avec sincérité à Sir Archibald et à Florence leur trajet jusqu'en Europe. Mais au vieil Anglais déchu, misérable, objet de mépris pour les autres et surtout pour lui-même, cette offre dut apparaître comme un acte de prodigieuse charité et de passion effrénée.

Ce fut à cette dernière hypothèse qu'il s'arrêta.

— Vous... vous l'aimez tant? bégaya-t-il.

Que pouvais-je répondre à ce malheureux, hagard, qui mendiait une affirmation, pour admettre l'espoir démesuré que je lui avais enfin donné?

Je dis en hésitant un peu :

— Naturellement, je tiens à Florence.

— Mon enfant en Europe! Est-ce possible? murmura Sir Archibald, comme en extase.

Mais, son obsession revenant, il demanda :

— Comment échappera-t-elle à Van Bek?

— C'est bien simple, répliquai-je, heureux de me rejeter sur un domaine d'action. Vous irez loger avec elle dans la concession anglaise. Il faut que vous ou elle l'obteniez de Van Bek.

— Elle l'obtiendra. Elle l'obtiendra.

— Vous serez à l'abri des tueurs de Van Bek, dont j'imagine d'ailleurs que vous exagérez le pouvoir.

— Oh! non, non. Vous ne savez pas...

— Bon, bon. Gardez vos fantômes et vos revenants pour vous!... Mais, de la concession anglaise, vous embarquerez avec moi, le jour venu, sur le premier paquebot français en partance de Shanghaï. Cela vous plaît?

— Oh! oui, mon Dieu, oh oui!

Sir Archibald sourit comme un enfant qui joue au plus beau des jeux.

— Et une fois en Europe, murmura-t-il, vous vous marierez avec Florence.

Je me mis à rire et commençai :

— Pour ça...

Sir Archibald ne me laissa pas achever. Eut-il peur de me voir ruiner son illusion suprême ? Devina-t-il que ce dialogue devenait fastidieux pour moi, ou pensa-t-il simplement à l'impatience que pouvait nourrir sa fille en m'attendant ? Je ne sais. Mais, avec une expression de complicité puérile, dégradante et bouleversante en même temps, il chuchota :

— Allez ! Allez la retrouver maintenant, et que Dieu vous garde pour elle !

Comme je m'éloignais, il ajouta :

— Ne vous inquiétez pas de Van Bek. Il doit rejoindre le cargo seulement lorsque nous serons à quai.

XIV

Il est des femmes qui, même si elles prennent plaisir aux échanges sensuels, ne s'y livrent jamais de toutes leurs fibres, de toute leur moelle. Elles semblent assister à cette mêlée pleine de délices et de ténèbres et, passives, s'en laisser arracher le prix.

D'autres, au contraire, sont créées pour la joie de la chair. Sans rien demander à l'expérience, elles savent prendre et offrir. Leurs corps ont une prédestination. Chez elles, la forme des membres, la chaleur du sang, l'instinct de la volupté composent une science qui ne s'acquiert pas. Elles ont le don, elles ont la grâce.

C'est à leur tribu qu'appartenait Florence. Les hommes le devinaient bien, sur qui sa présence avait un pouvoir que la beauté seule ne suffisait pas à expliquer. Bob, aussi bien que moi, en avait fait l'épreuve.

Dès que je fus auprès de la métisse, j'oubliai le récit de Sir Archibald et l'engagement que je venais de souscrire.

La nuit, le secret, le brouillard jaune, la tragédie du vieil Anglais, les menaces de Van Bek suspendues au-dessus de la belle tête de Florence, tout vint se dissoudre au creux de la couchette rudimentaire, étroite comme un lit de camp et qui ne laissait à deux corps que la place d'un seul.

Je connus rarement, même à cet âge, un bonheur physique aussi éclatant, aussi insatiable.

Florence le partageait, avec une sorte de frénésie chaste, avec l'éblouissement des radieuses découvertes.

Parfois, dans les brèves accalmies d'une nuit dont les secondes semblaient dix fois plus rapides et plus pleines que celles des autres nuits, parfois je songeais que toute cette neuve splendeur, Van Bek se l'était promise, et ménagée pendant quinze ans. Et je concevais les craintes de Sir Archibald.

Quel homme, frustré d'une telle espérance et d'un tel butin, même s'il n'avait pas eu les instincts de Van Bek, quel homme ne se fût pas senti poussé vers le meurtre ?

Mais n'étais-je pas là pour protéger Florence, pour l'enlever au monstre ? N'étais-je pas plus fort que lui ? Ne le montrais-je pas ?

Et une nouvelle ardeur me précipitait contre Florence, ardeur d'orgueil de vingt ans, de défi, de triomphe, de revanche.

Et, comme, en ces instants, je m'aimais sans fin à travers elle, je crus, cette nuit-là, aimer Florence.

Pour nous séparer, il ne suffit pas que les machines de la *Rose de Java* se missent en marche. Il fallut qu'un grand soleil vint donner sur le hublot. Alors seulement, Florence quitta ma cabine en disant :

— Ne t'inquiète pas, ma vie. Je saurai passer dans le dos de Sao, sans qu'il me voie.

Le sang chinois de Florence lui donnait, dans la puissance de la ruse, une certitude absolue.

Je passai mon visage et mon corps à l'eau froide : cela suffit pour effacer les fatigues nocturnes.

Je bouclai ma cantine en toute hâte, j'ouvris la porte.

Dans la coursive, Bob attendait.

J'étais joyeux, le monde me paraissait une vaste fête. Pourquoi fallut-il que le souvenir me vînt de l'humiliation que m'avait infligée Bob lorsque, ensemble, nous trichions Sir Archibald ?

A toutes mes victoires, je voulus ajouter la dernière.

— Tu sais, dis-je à mon camarade, Florence était vierge.

Bob me regarda, me regarda, et me frappa au visage.

En ce temps, pour un pareil affront, j'aurais tué sans hésiter. Pourtant, je ne fis rien, ne dis rien, et la joue me brûlait encore quand je vis apparaître les quais de Shanghaï.

XV

Shanghaï en 1919 n'avait pas atteint sans doute les proportions gigantesques, la prodigieuse exubérance urbaine et humaine que cette ville a connues plus tard. Les années d'entre les deux guerres n'avaient pas déversé sur elle des foules par millions, des capitaux par milliards. Les quartiers des blancs n'étaient pas encore devenus des cités américaines hérissées de gratte-ciel. La métropole jaune n'avait pas encore un caractère d'océan soulevé par les ras de marée des combats et des révolutions. Ce n'était que l'éclosion d'une ère délirante.

Mais la concession européenne, pleine de luxe et de faste, se prolongeait déjà comme à l'infini par les faubourgs chinois et déjà Shanghaï était une cité immense, somptueuse et sordide, un centre prodigieux d'agio et de richesse, une vaste boîte de nuit et une jungle impénétrable en même temps.

Bref, capitale de commerce, de banques, de plaisir et de mystère, Shanghaï était déjà un monstre.

Et ce monstre qui fascinait, dès cette époque,

les aventuriers et les hommes d'affaires, les marins et les filles de tout l'Extrême-Orient, avait de quoi faire perdre la tête à un garçon plus réfléchi et plus pondéré que je ne l'étais.

La matinée qui suivit notre débarquement, je l'employai à me loger et à trouver des fonds.

Tout fut d'une facilité admirable. Comme Bob avait choisi le Club Français, je me rendis au Club Anglais. Il y avait alors, dans les pays lointains, une sorte de fraternité de la victoire parmi les ressortissants des nations qui l'avaient gagnée ensemble. Mon uniforme me servit de carte de membre et d'identité : je fus reçu comme un compatriote. Puis, je gagnai le consulat de France.

Le consul était M. W... Je n'ai jamais connu, au cours de mes voyages, d'homme plus fin ni mieux averti du pays où il résidait, ni plus précieux pour celui qu'il représentait. Il connaissait à fond l'immense Chine. Il l'avait étudiée depuis des années. Il en avait la clef.

J'aurais pu tirer de son expérience un profit inappréciable. Mais je songeais bien à cela !

Ce qu'il me fallait, c'était des ressources immédiates pour plonger dans les délices d'une ville dont la simple vue m'avait ébloui.

Ces ressources, M. W... me les procura. J'apportais une lettre de crédit au montant indéterminé. Le consulat avait reçu en outre les instructions nécessaires pour permettre aux officiers de passage de représenter dignement une armée triomphante.

— Amusez-vous ! me dit le consul, en souriant

avec une singulière bonté mélancolique, amusez-vous, mais ne vous perdez pas. Vous n'avez pas de bateau français avant cinq semaines, et cinq semaines de Shanghaï, pour un jeune homme oisif, c'est une épreuve redoutable! Vous ne me croyez pas, naturellement, mais revenez me voir, j'aurai peut-être quelque chose de sérieux à vous offrir.

Sérieux!

Comme si ce mot avait pu avoir un sens pour moi...

Sérieux!

Quand je n'avais pas assez de temps, de santé, de vitesse et de force, pour saisir, goûter, brasser, abîmer tout ce qui s'offrait, se vendait, se donnait, se jetait à ma tête.

Il y avait à Shanghaï, parmi cent autres, un bar qui passait pour le plus grand de l'univers et je crois qu'il l'était véritablement, car, dans une vie qui s'est usée dans ce genre d'endroits à travers l'Ancien et le Nouveau Monde, je n'en ai pas rencontré qui fût de dimensions aussi considérables. Là, vers midi et sept heures du soir, sur cent mètres de long, une foule aux rangs pressés, étagée en profondeur, demandait à une troupe de silencieux barmen chinois d'étancher sa soif. Les cocktails et les whiskies se débitaient comme à la chaîne. Toutes les langues, toutes les races, toutes les boissons se mêlaient dans cette usine tumultueuse.

Il y avait à Shanghaï des établissements de nuit, comme je n'en avais plus connu depuis San Francisco, mais auxquels l'amalgame international donnait une saveur singulière.

Il y avait des femmes magnifiques, venues des quatre points cardinaux et, parmi elles, les premières réfugiées russes, avec leur destin de malheur et de volupté.

Il y avait le jeu.

Il y avait les courses.

Il y avait une société cosmopolite, élégante, brillante et facile qui prodiguait ses faveurs à un jeune officier, à un aviateur — car le vol humain était encore dans sa fraîche gloire.

Il y avait aussi l'opium, sans lequel la Chine n'est pas la Chine.

Le soir même de mon arrivée, j'avais des « amis » qui se chargèrent de me faire goûter à tous ces plaisirs. Les uns avaient fait la guerre, les autres en avaient profité : commerçants, brokers, jockeys, aventuriers, directeurs d'entreprises, marins, explorateurs, que sais-je ?

Le hasard, les affinités naturelles, un simple coudoiement me les avaient fournis. Je ne les choisissais pas. Je ne choisissais pas davantage mes divertissements. Je les prenais sans hiérarchie, comme ils affluaient, en vrac, à la pelle, à la volée.

Naturellement, je gâchais tout.

Pour tirer des plaisirs et des êtres leur suc, leur sens, il faut un semblant de loisir, une approche, un investissement, même rapides. Mais mon avidité, ma gloutonnerie ne me laissaient pas le temps de respirer. Un élan forcené me portait d'un désir à un autre.

Tandis que j'exprimais un fruit, je voulais déjà le suivant.

J'étais pareil à un enfant qu'affole une trop grande abondance de jouets, ou à un barbare enivré de présents dont il ne sait pas se servir.

Dans le même après-midi, je montais à cheval, je courais à des thés, à des cocktails, je me faisais conduire en *rickshaw* dans la ville chinoise, je portais des fleurs à une Anglaise, du champagne à une Russe, et je discutais sérieusement avec des banquiers l'établissement d'une ligne aérienne Shanghaï-Pékin.

Au cours de la même soirée, j'accumulais un dîner orgiaque, des rendez-vous dans toutes les boîtes de nuit. J'avalais, sans compter le whisky, une demi-douzaine de bouteilles de champagne, la fumée d'une vingtaine de pipes d'opium, saccageant, massacrant ainsi le plus subtil et le plus délicat des sortilèges.

Puis je me relevais pour jouer aux cartes, me rendais au théâtre chinois, retournais à un établissement nocturne, d'où une entraîneuse me conduisait dans son lit.

Jour après jour, nuit après nuit, la ronde infernale continuait. Je ne dormais plus, pour ainsi dire. J'agissais comme une sorte d'automate déchaîné, sur qui son inventeur eût perdu tout contrôle. La mémoire encombrée de cent noms nouveaux, de cent visages inconnus la veille, la tête lourde et vide, sans cesse entre le heurt de l'alcool dont je m'étais trop servi et l'envoûtement d'une drogue que je ne savais pas manier, je roulais au creux d'un tourbillon fuligineux, d'un vertige sans autre joie que de toujours en espérer, en désirer une autre et de la voir de nouveau déçue parce que déjà une nouvelle se présentait, sur laquelle je me ruais aussitôt.

Et Florence ?

Dans tout ce délire, quels étaient sa part et son rôle ?

En vérité, Florence, du moins dans les premiers temps de mon séjour à Shanghaï, n'eut rien de commun avec moi. Elle fut complètement balayée de mon existence, aussi bien que de ma mémoire.

Je savais pourtant où elle habitait et comment la joindre.

Avant de quitter la *Rose de Java*, nous étions convenus qu'elle irait loger à l'Astor House dont les fenêtres donnaient sur la rivière de Shanghaï. J'avais promis de la revoir le lendemain. Sir Archibald devait nous servir de truchement.

Je téléphonai bien à Sir Archibald, mais ce fut pour lui parler uniquement de la somme qu'il m'avait gagnée au jeu. Je lui conseillai, s'il voulait être sûr de l'obtenir, de venir me trouver sans délai. Je me sentais, lui dis-je, d'une humeur admirable que je ne voulais pas risquer d'altérer par des soucis financiers.

Je pensai à Florence après avoir raccroché le récepteur. Le mouvement que j'eus alors vers l'appareil s'arrêta de lui-même. Mon oubli avait été providentiel. Qu'aurais-je pu dire à Florence ? Que tous mes instants, ce jour-là, étaient occupés ? A quoi bon ! Demain, j'aurais sûrement plus de loisir.

Quand Sir Archibald vint, il ne fit que fournir de bonnes raisons à ma négligence. Il me supplia de ne pas me laisser entraîner par mon amour, de ne pas me montrer imprudent. Van Bek avait conservé pour domicile son cargo. Van Bek avait admis sans difficulté que Sir Archibald et sa fille allassent habiter le meilleur hôtel de la ville européenne. Comme toujours, Van Bek payait volontiers le confort de Florence. Mais tant de complaisance inquiétait Sir Archibald, et surtout que Van Bek se fût plié sans discussion au désir qu'avait exprimé Florence de passer quelques semaines à Shanghaï.

— Ce n'est pas dans ses habitudes, m'avait dit Sir Archibald, de perdre du temps et de l'argent. Or, sa contrebande est casée et il n'a plus rien à faire ici. S'il consent à rester, c'est qu'il a des soupçons à votre égard ; des soupçons graves, et il veut vérifier... il veut vérifier. Ce n'est pas un homme qui cherche à se tromper, qui achète en aveugle.

Et Sir Archibald avait conclu par sa plainte obsédée :

— J'ai peur... j'ai peur.

Loin de rire de ses craintes, ainsi que mon tempérament me poussait à le faire, je les avais approuvées.

Sir Archibald me quitta, emportant l'assurance que je ne m'afficherais pas avec sa fille et que, même, je prendrais mille précautions, avant que de la rencontrer.

Je crois que j'étais sincère, en attribuant à une sollicitude toute neuve pour Florence le peu d'empressement que j'avais à la voir. Quand on a besoin d'excuses devant soi-même, les prétextes se transforment en certitudes.

— Vous aurez tout le temps de faire les fiancés sur le paquebot, avait dit Sir Archibald. Évitez donc les dangers inutiles.

Sir Archibald n'avait-il pas raison ? Et, pour des simples entretiens, le téléphone n'était-il pas un moyen suffisant ?

Mais je n'en usai pas.

Comment cela se fit-il ?

Je n'en sais rien.

Ou plutôt, je pense que je n'avais pas envie d'entendre la voix de Florence.

Ce n'était pas l'appréhension de ses reproches et de ses plaintes qui me poussait à l'abandonner aussi complètement. Je sentais que jamais Florence ne me montrerait sa tristesse ou son amertume.

Orgueil ? Soumission ? Je ne cherchais pas à pénétrer ses mobiles, mais j'étais certain de son attitude.

C'était à moi, et à moi seul, que je voulais totalement échapper. A moi, dans ce que je pouvais avoir de fixe, de continu, de stable.

Ma vie à Shanghaï n'était que mouvement, agitation frénétique, dispersion, éparpillement. Je jouissais de cette liberté absolue, absurde, où aucune journée ne dépendait de la veille, aucune minute ne se rattachait aux précédentes. J'étais impatient de la moindre contrainte morale, de tout ce qui pouvait rappeler un ordre, un enchaînement logique pour mes actes. Je ne reconnaissais plus le moindre droit ni au passé ni à l'avenir. Je n'admettais pas qu'une ombre, si légère, si ténue fût-elle, intervînt dans ma ronde folle de poulain emballé, enragé.

L'image de Florence était de celles qui risquaient de me faire réfléchir, de fixer un instant ma pensée au milieu du tourbillon qui me vidait la tête.

Florence, je l'avais prise avant d'arriver à Shanghaï. Florence, je devais l'emmener jusqu'en Europe.

Elle était à la fois un souvenir et une perspective : donc une entrave et un lien. Je n'en voulais pas.

Je la chassai non seulement de mon existence, mais de l'univers. Il n'y avait plus de Florence au monde : il n'y avait que moi et mon délire.

Et chaque soir, j'avais une fille nouvelle. Certaines étaient communes et banales. D'autres pouvaient prétendre à l'admiration. Mais, certes, la plus belle n'approchait pas de Florence pour la perfection des traits et du corps, ni pour l'élan sauvage et ingénu du plaisir. Et cependant, à mes yeux, elles avaient plus de prix que la métisse.

Le besoin de nouveauté, la vanité vulgaire des victoires nocturnes ne suffit pas à expliquer ce jeu par lequel je me dupais moi-même.

Il est certain que, si Florence avait gardé pour moi quelque mystère, elle m'eût retenu davantage — et par mystère j'entends ce vêtement, ce masque toujours faux, toujours artificiel et fabriqué dont notre imagination habille les femmes auxquelles elle s'attache.

Si Florence avait été vraiment la maîtresse de Sir Archibald, si, comme je l'avais supposé parfois avant de connaître la réalité des faits, un pacte obscur, une complicité de vice et de sang, l'avaient liée à Van Bek, si, s'étant donnée, elle avait conservé à mon égard une impassibilité d'idole, j'eus continué à la trouver attrayante et digne de mes soins.

Mais elle m'avait accordé son amour avec tant

de simplicité! Ce corps intact s'était livré si aisément! Plus rien de trouble, de fangeux, de criminel ne flottait autour de ce visage soudain mis à nu. La pureté d'un cœur tout neuf, la fleur d'une chair jusque-là candide, l'éblouissement d'un être sur le seuil de la vie, tout cela — qui est sans doute le plus vrai des mystères —, tout cela me paraissait alors sans valeur.

Ce qu'il me fallait — je le vois bien —, c'était de la mauvaise littérature.

Or, cette marchandise, les entraîneuses des boîtes de nuit et les dames de la société en avaient à revendre.

XVI

Un soir, pourtant, leur secours me manqua.
Je ne me souviens plus très bien pourquoi la femme d'un exportateur américain ne put me faire passer la nuit chez elle, comme cela avait été convenu entre nous. Son mari revint-il plus tôt qu'elle ne s'y attendait d'un voyage à l'intérieur de la Chine, ou l'arrivée d'une canonnière anglaise dont le commandant était très jeune et très beau fut-elle la cause principale de cet empêchement subit? Peu importe, après tout.

J'allai donc chercher bonne fortune dans les établissements nocturnes. Mais de l'un je fus chassé par la présence de Bob : une entente tacite nous faisait céder la place au premier arrivé. Dans un autre, je connaissais déjà le cheptel; dans un troisième, toutes les filles possibles étaient occupées. Dans le dernier, j'arrivai très ivre et la violence de mon emportement effaya jusqu'aux filles russes attachées aux bars, qui, pourtant, avaient l'habitude des hommes déchaînés.

Or, il me *fallait* la compagnie d'une femme. L'alcool m'en faisait une nécessité.

N'ayant personne d'autre à ma disposition, je me rappelai Florence.

Tandis qu'une voiture de louage me conduisait vers le quai de la rivière sur lequel était bâti l'hôtel où habitaient la métisse et Sir Archibald, je me souvins des avertissements craintifs que m'avait prodigués ce dernier. Je me souvins même de ses paroles :

« Van Bek veut vérifier. Il n'est pas homme à acheter les yeux fermés. »

Mais, si ma mémoire était sur ce point fidèle, je ne parvenais pas à comprendre que ces paroles eussent eu le pouvoir de me retenir.

« A force d'écouter des radoteurs et des poltrons, me dis-je, on finit par leur ressembler! »

Cette explication était la seule que fût capable de me donner une cervelle déséquilibrée par l'ivresse.

La véritable n'était pourtant pas difficile à concevoir.

Tandis que je n'avais aucune envie de rencontrer Florence, l'effroi de son père je l'avais tenu pour raisonnable. Il me parut absurde, dès l'instant où, par suite d'une chasse vaine, la métisse devint pour moi une indispensable compensation.

« Van Bek... Van Bek... », murmurais-je, en haussant les épaules.

J'étais arrivé à un état où l'on parle et où l'on gesticule tout seul.

« Van Bek n'est tout de même pas l'empereur de Chine! Et même l'empereur de Chine ne m'empêcherait pas de finir cette nuit avec Florence!

Elle m'aime et il y a trop longtemps que je l'ai négligée. »

Car plus s'approchait le but de ma course, mieux j'oubliais que j'allais vers la métisse faute d'avoir trouvé une autre femme, et plus je la désirais.

La joie qu'elle aurait de ma visite nocturne — la joie dont j'étais certain —, la sécurité d'un lit où je me savais attendu par un corps sans pareil, ingénu et lascif à la fois, la promesse d'un plaisir violent et partagé — je devais à tout cela de ressentir une avidité complètement rafraîchie, renouvelée pour Florence.

A l'état cynique, Bob et moi, nous appelions « retour de flamme » ce genre de résurrection. Mais l'ivresse me dépouillait de toute faculté d'ironie et colorait au contraire d'une sincérité véhémente chacun de mes mouvements intérieurs.

Ce fut un amant passionné qui entra dans Astor House.

Il était quatre heures du matin. Sur le vaste hall régnaient la pénombre et le silence.

Le portier de nuit somnolait derrière son bureau. Je le réveillai d'une bourrade. Il leva vers moi un vieux visage intelligent et fripé, où le sang jaune avait laissé des traces.

— Mène-moi à l'appartement d'Archibald Hume, demandai-je.

Le métis, après avoir consulté du regard le casier des clefs, répondit :

— Sir Archibald n'est pas rentré, Monsieur.

— Mène-moi à l'appartement d'Archibald Hume ! répétai-je.

— Mais puisque je viens de dire à Monsieur...

Le portier s'interrompit soudain et, avec cet inimitable sourire de complicité qui ne fleurit sur les lèvres des hommes qu'en Extrême-Orient, chuchota :

— Qui dois-je annoncer à la miss ?

— Personne. C'est une surprise !

Le vieux métis plissa un instant ses paupières fatiguées, puis il dit, avec une décision discrète :

— Je ne peux pas, Monsieur. Il faut toujours annoncer.

Je n'avais aucune patience. J'étais ivre. Chaque instant passé loin de Florence me paraissait un crime contre moi-même.

Je tirai de ma poche un paquet de billets. D'une main, je les offris au portier. L'autre, serrée en poing, je la mis contre sa bouche.

— Choisis ! ordonnai-je.

Le vieil homme, sans ciller, examina mon uniforme. Ce fut à lui, sans doute, et non à mes menaces, que je dus l'obéissance du portier. Nous avions le prestige des guerriers victorieux. Les plus misérables coolies chinois connaissaient alors le nom de Joffre.

Le métis écarta mes deux mains avec une grande douceur et dit courtoisement :

— Suivez-moi, Monsieur.

L'ascenseur nous mena au dernier étage.

Là, j'obtins du portier qu'il m'ouvrît la chambre de Florence avec son passe-partout. Puis je le congédiai, sans avoir pu lui faire accepter un pourboire.

Bien que son sang ne fût chinois que pour une part, le vieil homme avait le génie des gestes silencieux. Je suis certain que Florence n'entendit pas la porte tourner sur ses gonds bien huilés. Elle ne put entendre davantage le bruit de mes pas : un épais tapis couvrait le parquet. Et, comme j'étais possédé par l'idée fixe de la surprendre, je marchai avec des précautions infinies jusqu'à la forme indécise, allongée sur le lit large et bas qu'une petite veilleuse animait d'un réseau d'ombres transparentes.

Mais, à l'instant même où je m'apprêtais à envelopper de mes bras les épaules de Florence et à la réveiller d'un baiser avide, elle se releva lentement sur ses oreillers et murmura d'une voix en même temps paisible et passionnée, d'une voix qui mêlait de la façon la plus singulière le sommeil, le ravissement et la certitude :

— Je savais bien, ma vie, que toi non plus tu ne pourrais pas attendre pour nous voir le départ du bateau.

Je voulus achever mon geste, embrasser sa bouche. Florence m'arrêta en se reculant un peu et dit :

— Je veux te voir d'abord. J'ai eu si peur quelquefois. Je n'arrivais pas à me rappeler tout dans ta figure.

Elle pressa un bouton : une lumière très dure me frappa au visage. Pour une seconde, je dus fermer les yeux. Mais Florence qui, pourtant, avait été plongée longtemps dans l'ombre, garda les siens ouverts, et, au fond de ces yeux noirs et brillants qui me semblèrent de grands lacs magiques, au fond de ces yeux à l'ordinaire vides et déserts, je vis se lever une joie si entière, si pleine, un si pur rayonnement que, malgré mon inconscience et malgré mon ivresse, je me sentis affreusement gêné.

— Il ne sait rien de toi, mon amour! dit Florence avec mépris, en désignant la chambre voisine d'un mouvement de son beau cou flexible. Moi, j'étais sûre que tu viendrais.

Je voulus tout de suite changer le sens de cet entretien, interrompre l'expression d'une gratitude qui révoltait en moi tout ce qui était loyal, honnête.

— Sir Archibald est absent? demandai-je.

Une crispation de répugnance indicible parcourut le visage de Florence. Elle dit :

— Il joue et boit quelque part. Il rentrera vers midi, comme d'habitude : sale, tremblant, vieux, et il se mettra à pleurer. Puis il ira dormir, pour recommencer la nuit.

— Et Van Bek?

— Je ne l'ai pas vu. Je ne veux pas le voir.

— Mais alors quoi? Tu es... tu es seule toute la journée?

— Heureusement!

— Tu ne sors pas?

— Je ne connais personne dans cette ville.

— Que fais-tu donc?

Florence me considéra, comme si j'étais un enfant malhabile à discerner les évidences.

— Je pense à toi et te fais entrer plus loin dans mon cœur.

La réponse de Florence ne fit qu'accroître mon malaise. Il atteignit à son comble lorsque, cédant à l'influence héréditaire, celle de la servitude féminine, la métisse me demanda :

— Permets-moi de t'enlever tes vêtements?

Il y avait dans sa prière un tel naturel et tant de sérieux que je n'osai refuser.

Florence délaça mes bottes, défit mon ceinturon. Ses longues mains, ciselées avec une finesse indicible, libérèrent doucement mon corps et je retrouvai dans un lit nouveau son naïf égarement.

Puis, d'un seul coup, ainsi qu'une bête confiante, Florence s'endormit contre moi.

Combien de nuits blanches étaient la rançon de ce repos entier et pareil à la mort ? Quel labyrinthe d'angoisse, de solitude et de désespoir avait connu cette fille sauvage de qui je sentais le sein immobile et doux collé à mon flanc ? Quelle charge avais-je assumée, sans y penser, sans rien prévoir !

Un instant, j'essayai d'organiser, de construire à l'avance mes rapports avec la métisse. Mais la fatigue d'une semaine démente enchaîna mes pensées. Bientôt, je fus comme Florence une forme inconsciente.

Je ne sais lequel de nous deux commença le geste, sans concevoir nettement ce qu'il faisait, mais nous sortîmes du sommeil mêlés l'un à l'autre.

Quand la convulsion du plaisir, après nous avoir noués plus étroitement, se fut rompue et que nos corps brusquement séparés se trouvèrent rendus à la notion d'eux-mêmes, une sorte de panique me saisit.

J'avais dormi en une seule fois plus que je ne l'avais fait depuis mon arrivée à Shanghaï. L'épuisement, l'ivresse ne me protégeaient plus contre ma raison. Une lucidité parfaite et comme je n'en retrouvai plus au cours de ces semaines de vertige me permit de juger exactement la situation où je m'étais placé à l'égard de Florence. Et je frémis. J'avais, de mes propres mains, forgé ma chaîne.

Tant que je ne l'avais pas revue à Shanghaï, je pouvais mettre sur le compte de la surprise et de l'ignorance mon attitude envers elle. Les mensonges de Sir Archibald, les mystères du cargo, les provocations de Van Bek, le brouillard jaune enfin : tout avait contribué à me rendre irresponsable. Les espérances de Florence, son amour insensé, je pouvais m'en tenir quitte, je pouvais les laisser à sa charge.

Mais à présent...

Je venais tout à coup de les avaliser, de leur donner des droits.

Allais-je avouer à ce visage lisse et extasié, à ce visage tout resplendissant de gratitude et d'orgueil, que seul l'aiguillon de l'alcool et du besoin charnel, déçu par d'autres proies, m'avait poussé vers lui ?

Si, parmi tous les plaisirs et toutes les occupations dont Florence devinait bien que ma vie à Shanghaï était remplie, si, malgré les avertissements de Sir Archibald, j'étais venu à elle, c'est que je l'aimais. Ainsi pensait, ainsi sentait Florence et elle ne pouvait faire autrement.

En cette minute, je le compris avec une intensité, une acuité qui me bouleversèrent non de pitié pour elle, mais de terreur pour moi.

Je vis ma liberté menacée, brisée, perdue; ma liberté pour laquelle j'étais capable de commettre un crime.

Ce fut un mouvement de crainte purement physique qui me jeta hors du lit. Il me sembla que chaque instant passé près de Florence renforçait d'un poids matériel des fers qui n'étaient déjà que trop lourds.

— Tu me quittes, ma vie ? interrogea la métisse. Ma vie !

Ces deux mots, auxquels je n'avais guère prêté attention jusque-là, me parurent soudain intolérables.

— Pourquoi m'appelles-tu ainsi? demandai-je pénétré d'une fureur que je savais odieuse mais dont il fallait que je me délivre.

Et j'attendis avidement que la réponse de Florence me donnât, pour le faire, un prétexte, même le plus futile et le plus injuste.

Sa simplicité, sa sincérité ne m'en fournirent aucun.

— Quel autre nom pourrais-je trouver? dit la métisse. N'es-tu vraiment pas ma vie? Je n'ai personne au monde que toi. Je voudrais que tous les hommes meurent, sauf toi.

J'eus un instant dans l'oreille le son impitoyable qu'avait eu la voix de Florence, quand elle avait crié « Marche! » au vieux kourouma sur le seuil de l'agonie.

Pour une seconde, je mesurai le degré de révolte, de haine contre l'univers où l'avaient amenée sa condition de sang-mêlé, de bâtardise, son enfance passée dans un couvent glacial, sa beauté inutile, son existence stérile. Et je devinai que la force de son amour pour moi, ce n'était pas à moi qu'elle le devait, mais à son besoin de joie, de chaleur, de délivrance, et qu'elle en était illuminée, fanatisée, invincible.

Et j'eus peur encore davantage et, misérablement, je cherchai une parade.

— Ce n'est pas vrai, m'écriai-je, tu n'es pas seule. Tu as Sir Archibald, ton père. Il t'aime, il me l'a dit.

— Oui, mais il a encore plus honte de moi qu'il

ne m'aime. Si tu savais comme il se cachait pour me voir, quand j'étais petite. Et là-bas, chez les sœurs, ce n'était jamais lui qui parlait pour moi, c'était Van Bek, toujours Van Bek. Mon père, lui, tremblait et détournait la figure.

— Savais-tu que tu étais longtemps à l'avance vendue à Van Bek?

Pourquoi avais-je posé cette question à Florence et choisi des termes aussi brutaux, aussi vils? Voulais-je simplement l'humilier, lui rappeler l'état dans lequel je l'avais rencontrée et lui enlever par là toute velléité d'exigence?

Ou bien me démontrer à moi-même que je ne devais rien à une femme qui n'avait rien à perdre?

Je dus obéir à l'un comme à l'autre de ces mouvements.

Quand un homme tient à conserver une liberté complète, sans lui consentir le moindre sacrifice de ses plaisirs et de ses passions, il en est réduit à de pareils expédients.

Celui-ci, d'ailleurs, ne me servit de rien.

Florence, une fois encore, devait trouver dans sa franchise naïve, dans l'intégrité de son cœur, des paroles qui déjouèrent mes pauvres manœuvres, mes réserves, mes prudences et mes précautions, car elle les ignorait.

— Van Bek et mon père, dit Florence, ne m'ont jamais mise au courant de leurs conventions. Mais j'ai bien deviné : j'étais sûre que Van Bek me prendrait.

— Et alors? demandai-je.

— Alors... répéta Florence, sans comprendre.

— Que pensais-tu faire?

Florence me regarda avec un doux étonnement et répondit :

— Que pouvais-je faire, ma vie ? Accepter. C'est tout.

— Quoi ? Tu n'aurais pas résisté ?

— Résister ? Comment ? Je n'ai pas de famille, pas de métier, je ne connais personne... Je ne suis qu'une métisse.

Je m'écriai, sincère pour une fois, et avec une emphase puérile :

— La mort vaut mieux !

— Je ne veux pas mourir, dit gravement Florence. Je n'ai pas commencé à vivre...

Elle s'interrompit soudain, prit une aspiration profonde, intense, qui souleva d'une onde magnifique ses seins nus. Puis elle poursuivit, avec une ardeur telle que je tressaillis :

— Ce n'est pas vrai. Ce n'est pas vrai. J'ai commencé à vivre avec toi. Tu es venu toi, ma vie, et tu me délivres pour toujours, pour toujours.

Malgré tous mes pitoyables efforts, je sentais l'entrave, la glu me saisir toujours davantage. J'essayai une dernière fois de m'en débarrasser.

— Écoute, dis-je presque durement, ne te fais pas d'illusions. Je me suis engagé à te conduire jusqu'à Marseille, mais rien de plus.

Florence secoua la tête en souriant. Je me suis rarement senti aussi mal à l'aise que devant la bravoure et la tendresse de ce sourire.

— Jusqu'à Marseille ! dit Florence comme dans un rêve. Six semaines ensemble sur un beau navire. Est-ce possible ? C'est trop... trop merveilleux !

Les mots me manquèrent pour répondre. Je passai dans la salle de bains.

Ce fut seulement au moment où je pris congé d'elle que je vis fléchir chez Florence une force d'âme que rien ne semblait pouvoir entamer.

Comme je l'embrassais hâtivement, une sorte de désarroi primitif, de terreur enfantine, bouleversèrent le visage de la métisse. Elle se serra convulsivement contre moi, en murmurant :

— Tu reviendras bientôt ?

— Mais naturellement, répondis-je, avec la ferme intention de ne plus revoir Florence avant que le *Paul-Lecas* sur lequel nous devions embarquer à la fin du mois, eût quitté Shanghaï.

Je me retrouvai dans la rue avec un soulagement indicible. On eût dit que je venais d'échapper au plus pressant des périls.

J'allais faire signe à un chauffeur de louage, lorsque je me sentis appelé :

— Monsieur lieutenant !... Monsieur lieutenant !

Je reconnus avec joie le mousse de la *Rose de Java*, mais lui ne semblait pas content de cette rencontre. Au lieu de s'épanouir, comme il le faisait sur le cargo à mon approche, son petit visage immobile exprimait l'appréhension et un courroux singulier.

L'enfant s'éloigna de l'amoncellement formé par les voiturettes de *rickshaw*, derrière lesquelles il se tenait, et gagna une ruelle.

Il m'avait invité d'un geste bref à le suivre : la curiosité me força d'obéir.

— Eh bien, pourquoi tant d'histoires ? demandai-je, lorsque je l'eus rejoint.

Le petit Malais fixa sur moi des yeux pleins de reproche.

— Je t'avais dit, murmura-t-il, de laisser la fille métisse.

— Ce n'est pas ton affaire! répliquai-je impatiemment.

— C'est mon affaire! dit le mousse, une ride tenace creusant son mince front sale. C'est mon affaire! Je te veux du bien, tu le sais.

— Oui, oui, c'est vrai. Tu as toujours été un ami. Mais je ne vois pas...

— Tu ne vois rien, jamais! m'interrompit sévèrement le mousse. Tu as des yeux d'enfant sans nourrice. Tu ne vois pas que je suis là pour surveiller la fille métisse et pour dire à Van Bek si tu viens chez elle?

Les paroles de Sir Archibald me revinrent de nouveau à la mémoire : « Van Bek n'achète pas en aveugle. »

Tandis que je gardais le silence, le mousse poursuivit :

— Tu as de la chance! La première moitié du mois, les autres matelots sont libres. Ils dépensent leur paie. Ils voient des femmes, ils fument l'opium (il soupira d'envie). Je suis le plus petit, alors, je n'ai rien à dire. Mais après, ce ne sera plus moi qui resterai devant l'hôtel. Ne reviens plus, je t'en prie, ne reviens plus!

— Ça, je te le promets, vieil homme!

Le petit Malais ne put sûrement pas comprendre pourquoi j'accompagnai ces paroles d'un ricanement qui m'échappa malgré moi.

XVII

Or, quatre ou cinq jours plus tard, je me retrouvai à l'Astor House. Il est vrai de dire que je ne m'en rendis pas compte.

En effet, après mon entrevue avec Florence, je m'étais jeté plus aveuglément que jamais dans les divertissements de la débauche. Une nuit de sommeil avait renouvelé mes forces.

Quand je me rappelle aujourd'hui ces heures ininterrompues de boisson, de drogue, de jeu, de luxure, cette course infernale et sans répit, j'éprouve une sorte d'incrédulité terrifiée.

Quelle dépense absurde, quel criminel mépris de l'intelligence, de la sensibilité, des nerfs, des ressorts intérieurs !

Je demeure stupéfait qu'un être sain et jeune, auquel le monde était offert dans sa partie la plus singulière et la plus fascinante, eût été obsédé par le seul besoin de se détruire, sans voir le présent magnifique que le destin jetait à ses pieds.

Mais il en était ainsi. Et je n'y pouvais rien.

Je me trouvais dans un état voisin de l'hallucination, du somnambulisme. Je n'agissais plus que par réflexes purement physiques. Et lorsque le groupe d'amis inconnus qui m'avait pris en charge depuis quarante-huit heures décida de se rendre à une grande liesse de charité organisée par la colonie anglo-saxonne, je le suivis, sans savoir où ni pourquoi.

La fête comportait un souper et un bal travesti. Elle avait lieu à l'Astor House.

Mais ma fatigue et mon ivresse étaient déjà si profondes que, même en gravissant le perron de l'hôtel, je ne reconnus pas l'endroit où la fantaisie de mes compagnons m'avait conduit.

C'étaient des Américains qui revenaient d'une expédition commerciale dans les provinces du Centre. Ils en avaient rapporté des oripeaux de tous âges et de valeurs diverses : ils leur servirent de déguisement.

Pour moi, ils avaient préféré que je fusse costumé, puisque j'étais français, à la française, c'est-à-dire en « apache » conventionnel et tel que les gravures de 1900 leur avaient appris à l'imaginer. C'est pourquoi je portais un pantalon à pattes d'éléphant, un tricot et, autour du cou, un foulard rouge.

L'avantage de ce vêtement était qu'il laissait les mouvements et la respiration libres, avantage précieux, car il faisait une chaleur étouffante.

Les grands salons de l'Astor House se trouvaient trop étroits pour la foule bariolée qui s'y pressait en tumulte. Ce fut là que je vis, comme à travers un nuage, comme dans un rêve, la folle richesse du peuple blanc de Shanghaï et sa passion pour les amusements puérils.

Les hommes, pour un soir de plaisir, avaient lacéré, mutilé des étoffes superbes.

Les orfèvres de la vieille Chine et les bijoutiers des deux mondes semblaient avoir vidé leurs boutiques, au profit de femmes qu'un prétexte de bienfaisance avait réunies ou plutôt affrontées. Les diamants, les perles, les jades, les pierres des Indes et de Birmanie brillaient, brûlaient, éclataient, ruisselaient sur des gorges resplendissantes ou fanées, sur des bras voués à la défaite ou façonnés pour l'amour.

Le luxe, le scintillement, la richesse, la température, le bruit, les parfums violents et l'ivresse latente de gens qui habitaient une des villes du monde où l'on buvait le plus — tout cela, et sans peine, acheva de tourner ma tête déjà vidée de sa substance.

Je commençai par une longue visite au bar. Je sentais la nécessité de puiser dans l'alcool des forces artificielles — les véritables étant ruinées — pour être à la mesure de la nuit qui se préparait.

Vodka et cocktails, gin et whisky, j'engloutis tous ces breuvages avec une avidité furieuse. Je cherchais un équilibre, fût-il factice, instable. A sa place vint l'ivresse, dans sa forme extrême.

Je ne me rappelle plus les folies auxquelles je me livrai. Mon costume aidait à leur épanouissement.

Je m'étais déguisé en voyou. Très vite le vêtement déteignit sur mon personnage.

On m'a raconté par la suite mes exploits stupides, mes insolences, mes gestes et mes propos imités du trottoir. J'y crus difficilement et comme s'il s'agissait d'un autre.

Mais ce fut bien moi qui entraînai toute la bande à lacérer les rideaux, à simuler des luttes foraines, à enlever dans des danses burlesques des femmes qui riaient hystériquement.

Car cette agitation de singe déchaîné provoquait les applaudissements d'une foule qui trouvait ainsi un exutoire à ses désirs inconscients.

Je me sentais soutenu par le public. Je voulus l'étonner toujours davantage. Il me suivit docilement. Alors, je me crus tout permis.

Arrachant à son mari une Grecque dont la beauté avait fixé pour quelques secondes mon délire, je la saisis dans mes bras et me mis à tournoyer sur place en embrassant, en mordant ses épaules et son cou.

A quel éclat m'eût conduit ce dervichisme érotique? Où se fût arrêté mon vertige? Je n'ose y songer.

Mais à cet instant un visage placé contre le mien intercepta toute la lumière de la salle et une voix rauque, sauvage, cria :

— Je ne veux pas... Assez! Je ne peux pas... Je la tuerai.

Si je laissai retomber ma proie, ce ne fut point par crainte ou scrupule. J'étais hors des atteintes d'un sentiment normal. J'obéis à la stupeur qui s'empare d'un homme, lorsque deux univers se mêlent incompréhensiblement dans son champ de vision.

Florence!

Florence dans ce tourbillon, au milieu de cette foule orgiaque?

Elle n'avait pas de sens.

Elle n'avait pas de réalité...

Je la touchai stupidement, pour me convaincre de sa présence.

— Va-t'en! Va-t'en tout de suite! dis-je, en regardant à travers elle et comme on exorcise un fantôme.

Mais elle prit mon bras et murmura :

— Viens avec moi!

Alors seulement je compris qu'elle était vivante. Je remarquai même qu'elle était vêtue très simplement et ne portait aucun bijou. Cela me parut indécent, voulu, ainsi qu'un défi.

Je rabattis rudement la main qui me tenait et criai :

— Va-t'en!

Une rumeur, déjà, s'élevait autour de nous, où je ne distinguais qu'un mot :

— Métisse... métisse.

Florence eut pour tous ceux qui nous environnaient un regard d'effroi et de haine. Ce regard de bête traquée elle le reporta sur moi, pour demander secours. Mais je dis encore :

— Va-t'en!

— Non, chuchota Florence. Non, je ne te laisserai pas à ces femmes!

— Tu crois donc, commençai-je en tremblant de fureur, tu crois donc...

Je n'achevai pas. Ma rage venait de trouver une cible digne d'elle. Trouant la cohue de sa masse, Van Bek avançait vers moi.

Van Bek et sa démarche silencieuse, Van Bek et sa bouche en forme de limace, Van Bek dont la force m'avait réduit, sur le cargo, à l'état de pantin entre ses doigts! Van Bek venait me provoquer devant toute la société de Shanghaï.

La sauvage violence qui me jeta contre lui m'inspira en même temps une forme d'attaque digne de mon déguisement. J'employai, sans en avoir conscience, le procédé dont use, dans les bouges, l'homme plus petit et plus léger que son adversaire.

Je saisis Van Bek aux épaules et, prenant appui sur ses propres os, je lançai avec toute la vigueur de la colère et de l'ivresse ma tête contre son menton.

Il n'eut pas le temps de faire un geste et tomba. Moi aussi.

Je trouvai Sir Archibald à mon chevet. Il tenait un verre d'alcool et, dès que j'eus repris connaissance, avant même de me voir revenu à une notion exacte des choses, il m'en fit avaler une bonne moitié.

— Non, vous n'êtes pas mort, s'écria-t-il fébrilement, comme si j'avais voulu lui démontrer le contraire. Je l'ai dit tout de suite. Je n'ai jamais douté de vous, mon cher et jeune ami. Vous n'êtes pas mort.

Je ne comprenais rien à ses paroles, ni pourquoi je me trouvais étendu dans une chambre inconnue, ni ce que faisait autour de ma tête ce foulard rouge mouillé.

Un gémissement de Sir Archibald réveilla soudain le jeu de ma mémoire engourdie.

— Si vous n'êtes pas mort, soupira le vieil Anglais, Van Bek ne l'est pas davantage.

Van Bek... le bal travesti... le coup que j'avais porté avec ma tête au colosse, l'extravagance de la métisse.

Ma rage fut toute neuve. Je me redressai, malgré la douleur aiguë qui traversa toute ma boîte crânienne et criai :

— Qu'est-ce que cette brute, qu'est-ce que votre fille fabriquaient à la fête ? Ce n'était leur place ni à l'un ni à l'autre.

Sir Archibald se méprit sur le sens de mes paroles. Je le vis, avant qu'il parvînt à formuler sa réponse, aux tics désordonnés qui agitèrent son visage, à la rougeur malsaine qui colora ses tempes.

— Je... je sais bien, bégaya-t-il, qu'une sang-mêlé... dans une fête pareille... Mais... mais... je ne pensais pas que vous... comment dire... vous aussi... vous lui reprochiez son origine.

— Vous ne comprenez rien, criai-je. C'est parce qu'elle pouvait me rencontrer que vous n'auriez pas dû...

Mais Sir Archibald était incapable de m'entendre.

Quand un homme, sa vie durant, a souffert d'une tare secrète, tout ce qu'il prend pour une allusion à sa honte suscite en lui une réaction maladive que rien ne peut plus calmer.

— C'est moi, personne d'autre... je vous le jure, qui ai voulu... m'interrompit Sir Archibald. Vous comprenez, une si belle société, un bal si élégant, la tête me tournait, tellement j'avais envie d'y assister... C'est tout de même ce monde-là qui est le mien ! Pour Florence... oui... oui... oui... Je sais mieux que vous... Elle n'aurait pas dû se mêler à des blancs... oui... oui... Mais la pauvre petite était si curieuse. Elle n'a jamais rien vu de pareil. Elle est toujours seule. Alors, j'ai pensé et Van Bek aussi, parce que j'ai dû lui en parler... J'avais besoin d'argent pour les petits frais, vous comprenez... je... j'ai un peu tenté la chance ici... alors je n'ai plus rien. Mais nous nous sommes tenus bien à l'écart, je vous le jure... bien loin. Je n'aurais pas admis que Florence fasse l'incorrection de se mêler aux Européens.

Je vis que Sir Archibald allait continuer indéfiniment sur un thème qui m'était odieux, qu'il allait outrager, renier toujours davantage sa propre chair. Pour l'arracher à cette obsession-là, je voulus le soumettre à une autre, de force au moins égale.

— Toutes ces histoires ne m'intéressent pas! dis-je avec brutalité. Ce que je veux connaître, c'est le sentiment de Van Bek.

Je ne m'étais pas trompé. Sir Archibald s'arrêta net dans sa plaidoirie lamentable. Et il se mit à chuchoter, ainsi qu'il le faisait toujours lorsqu'il parlait du colosse.

— De ce côté, dit Sir Archibald, tout est pour le mieux. Il sait que vous n'êtes pas venu voir Florence. Il a vu que, ce soir, la rencontre était un pur hasard et la façon dont vous avez traité Florence l'a rassuré.

— Mais pourtant, m'écriai-je, la scène qu'elle m'a faite.

— Qu'est-ce que cela prouve, mon cher jeune homme? Qu'est-ce qu'elle prouve? Que Florence vous aime? Van Bek le sait depuis le bateau et il compte bien s'en venger sur elle. Et cela ne doit pas lui déplaire. Ce qu'il n'admettra pas, ce qui me fait trembler, c'est qu'il apprenne votre... votre... enfin, ce qu'il y a entre Florence et vous... Vraiment, je vous l'assure, de ce côté, tout est parfait!

— Alors, au revoir, dis-je.

Comme j'ouvrais la porte, Sir Archibald murmura timidement :

— Vous ne voulez pas la voir ? Elle me l'a demandé. Elle est dans sa chambre à côté... personne ne saura. Vous pouvez passer d'ici chez elle par la salle de bains.

Je sortis sans répondre, et en faisant claquer la porte.

XVIII

Je terminai ma nuit dans un bar de matelots.
Ce fut l'un d'eux sans doute qui traça d'une main maladroite l'adresse, que je retrouvai le lendemain en vidant mes poches, sur un morceau de papier froissé.

Après quelques efforts de mémoire, je me souvins qu'elle indiquait une fumerie d'opium dans la ville chinoise. Je décidai de m'y rendre sur-le-champ.

Par un balancement en quelque sorte fatal, j'étais jeté vers les lieux contraires à ceux où j'avais été conduit la veille. Par opposition à l'Astor House et à sa volière, il me fallait un assommoir, un bouge.

L'opium n'était pas, dans ce désir, l'élément essentiel. Je pouvais trouver de la drogue, et de la meilleure, dans les logis les plus raffinés. Mais je cherchais surtout l'évation dans un gîte où se recueille, pour l'oubli et le bonheur, le bétail humain le plus pauvre et le plus sordide.

Il était environ midi quand je traversai le hall du Club.

— Une dame est là qui vous attend depuis

deux heures, me dit un chasseur. Elle n'a pas voulu que je vous réveille.

— Je la verrai une autre fois, répliquai-je, tout à mon impatience de gagner le havre de demi-mort.

Mais, en me retournant, je trouvai Florence.

Elle ne me laissa pas le temps de revenir de ma surprise et demanda :

— Pourquoi as-tu refusé de venir chez moi ? Tu es allé voir cette femme ?

Je ne reconnaissais plus l'expression du visage de Florence, ni l'accent de sa voix, ou plutôt je retrouvais en elle le personnage sous lequel elle m'était d'abord apparue et que son amour m'avait fait oublier.

Oui, ce regard buté, désert, inflexible, cette intonation âpre et cruelle, cette volonté féroce d'aller jusqu'au bout à n'importe quel prix — fût-ce la mort d'un vieil homme épuisé —, telle était la figure que de nouveau me présentait la métisse.

J'avais d'un seul coup, sans le vouloir, sans le savoir, fait lever chez cette primitive tous les démons de la jalousie. Ils étaient à la mesure de sa passion. Je le sentis et pris peur.

A cette époque où aucune rixe, la plus dangereuse comme la plus dégradante ne m'effrayait, j'avais, lorsque je n'étais pas ivre, la terreur d'une scène publique avec une femme. Rien ne me paraissait plus redoutable. Je ne savais que répondre, que faire... le sentiment du ridicule et de l'odieux m'accablait.

Profitant du désarroi où je me trouvais, Florence poursuivit d'une voix plus aiguë :

— Et maintenant, tu vas chez elle encore ?

J'aurais dû trouver un mot, un geste de dompteur, arrêter net, briser impitoyablement cette révolte, cet attentat contre ma liberté, ou tout au moins repousser Florence et passer outre à ses cris. Mais déjà des figures curieuses se tournaient vers nous. Sur certaines je crus deviner un sourire.

— Tu es folle ! murmurai-je à Florence. Il n'est pas question de femmes, je te le jure.

— Alors, je viens avec toi.

Florence avait encore haussé le ton. Je perdis à ce point la tête qu'il me fut impossible de trouver le moindre mensonge qui empêchât la métisse de m'accompagner.

— C'est bien, dis-je.

Puis, me rappelant l'endroit vers lequel je m'acheminais lorsque Florence m'avait surpris, j'ajoutai, avec le sentiment que peut éprouver un serf lorsqu'il savoure à l'avance une basse vengeance :

— Viens. Tu l'auras voulu.

En cet instant, je haïssais Florence avec une intensité qu'il m'est impossible de dire. L'orgueil était peut-être le sentiment qui en moi dominait les autres. Et cette fille que j'avais crue à mes pieds m'imposait soudain sa sauvage et folle volonté !

Incapable de me défaire d'elle, j'étais tout aussi incapable de la supporter près de moi. Au lieu de prendre une automobile, comme j'en avais eu l'intention, je hélai un *rickshaw*.

L'homme-cheval accourut. Je sautai dans sa voiturette, sans me préoccuper de la métisse.

Cependant, je la vis bientôt à ma hauteur, traînée par un autre Chinois en guenilles.

Je me rappelai une course à peu près identique à travers les rues de Kobé, mais alors les rôles étaient renversés : c'était moi qui poursuivais Florence.

Y songea-t-elle ?

Peut-être...

Dans un arrêt auquel nous obligea un embarras de circulation dans une étroite et puante venelle de la cité chinoise, nous dûmes demeurer quelques secondes côte à côte. Et je vis dans les yeux de Florence un appel désespéré. Je détournai violemment la tête.

Comment avais-je pu attacher tant de prix à cette intolérable créature ?

J'avais escompté que le lieu même où je menais Florence me débarrasserait d'elle, tellement je le devinais répugnant.

Si à cet égard mes espérances furent dépassées, par contre mon calcul se trouva faux.

Ni l'air à peu près irrespirable, ni l'odeur de crasse, de suint, d'urine et de mauvais opium recuit, ni l'enchevêtrement des corps haillonneux, scrofuleux, teigneux, ni le spectacle des faces de coolies anéantis dans un repos toxique — rien ne rebuta Florence, si fraîche pourtant, si lisse et qu'une longue claustration avait habituée à la propreté monacale.

Si elle n'avait pas été avec moi, je me serais enfui. Mais je tenais avant tout à la punir.

Quand le tenancier de la fumerie me proposa un alvéole, séparé par des rideaux du chenil sans fenêtre où tant de misérables goûtaient le

seul bonheur qui leur fût donné, je répondis :
— Non. Avec tout le monde !

A la dérobée, je regardai Florence. Elle ne sourcilla pas.

Le patron, à coups de pied, me fit une place. Florence s'étendit la première, sa tête sur un bref billot de bois, près d'un plateau.

— J'en veux aussi, dit-elle au boy qui me préparait la première pipe.

Je m'étais promis de ne pas adresser la parole à la métisse. Pourtant, je ne pus m'empêcher de demander :
— Tu as déjà fumé ?
— Non, ma vie, mais je veux faire comme toi !

Florence avait repris sa voix de tendresse, de soumission passionnée. On eût dit que c'était sur mon ordre qu'elle se trouvait en face de moi. Les fantômes de la jalousie s'étaient dissipés. Elle retrouvait son cœur de servante amoureuse.

Mais ce revirement fut loin de m'apaiser.

« Elle me sourit. Elle est heureuse. Elle se croit quitte, pensai-je, avec une exaspération accrue. Eh bien, elle va voir ! »

Et je fis comme si Florence n'existait plus. Elle devint pour moi un objet sur lequel le regard glisse, sans s'arrêter. En face de cette ombre, je me mis à fumer en glouton, en possédé.

Mais la drogue délicate qui exige la lenteur, la méditation et un commerce qui ressemble à un dialogue subtil, coupé de longues pauses, n'aime pas les barbares. Elle se vengea. Au lieu de m'aider à supprimer Florence, elle m'asservit à la métisse.

Au bout d'une heure d'aspiration presque constante, interrompue seulement par la cuisson des boulettes que le boy préparait avec une vitesse diabolique, j'avais tout oublié de ce que je reprochais à Florence, ou, pour dire mieux, de ce qui, en moi, avait suscité cette fureur.

Rancune, avidité, liberté, dignité, orgueil, violence, douleur, amour — comment pouvait-on attribuer la moindre importance à ces sentiments ?

Tel est le privilège de l'opium que, absorbé en dose massive, il dissout les passions des hommes au fond d'un néant bienheureux.

Je me sentais comme légèrement soulevé au-dessus des nattes sales et dures. Le billot de bois qui soutenait ma nuque formait une sorte de source miraculeuse d'où une béatitude sans nom coulait à travers tout mon corps.

Quel sens pouvaient avoir les soucis, les troubles, les sursauts de l'ambition, les révoltes de la vanité ?

Ma chair et mon sang vivaient d'une vie nouvelle et merveilleuse. Je dénombrais les battements de mon cœur avec un inexplicable ravissement. Et ma peau, sensible à l'extrême, se réjouissait du moindre contact, comme de la caresse la plus moelleuse.

Quand une main vint effleurer la mienne, je ne compris pas sur-le-champ que c'était la main de Florence. Lorsque je le sus, je ne m'en préoccupai point. Florence ou une autre femme ? Qu'importait, pourvu que la paume fût douce et les doigts bien formés.

Peu à peu, mais avec une pression invincible, une exigence puissante comme la mort, le désir me gagna tout entier.

C'est aux habitués seulement que l'opium enlève la faim charnelle. Pour ceux qui en usent rarement, il ne fait que l'appesantir et la prolonger sans mesure.

J'écartai le plateau, me tendis vers Florence, l'embrassai avec le sentiment de me noyer dans un lac de délices.

Elle avait goûté la drogue modérément. Elle en possédait une science innée, héréditaire, mais, en elle aussi, l'opium avait insinué un souffle aphrodisiaque.

Sans souci des fumeurs et des boys, elle me rendit mes baisers, se colla contre moi.

— Le gentleman officier ne désire-t-il pas la petite chambre maintenant? chuchota le patron à mon oreille.

Nous gagnâmes une sorte d'alcôve rudimentaire que deux pièces d'étoffe dissimulaient. Elles joignaient mal. Mais cela ne gênait personne, car personne dans cet asile de nuit pour rêves sourds ne s'intéressait aux gestes d'autrui.

Personne?

Il me sembla pourtant qu'une tête se souleva, pour suivre du regard nos mouvements. L'homme, à cette fin, tendit son cou autant qu'il put le faire et, sur ce cou, je crus reconnaître une terrible cicatrice.

Un instant je songeai aux avertissements que m'avait prodigués le mousse, lorsqu'il guettait devant l'Astor House.

Mais déjà les rideaux se refermaient sur nous et Florence arrachait ses vêtements légers.

J'avais cru connaître toutes les disponibilités et toutes les réserves de joie que recelait son corps. Je fus émerveillé par ce qu'il me révéla sur un grabat misérable et souillé, entre des murs suitant l'humidité puante, au fond d'une niche éclairée vaguement par le reflet des petites lampes d'opium de la salle voisine.

La félicité, la gratitude de ma chair, j'éprouvai le besoin de les exprimer en paroles. Et moi qui n'avais jamais dit un mot d'amour à Florence, je la berçai pendant des heures des plus chaudes promesses, des serments les plus passionnés, des plus sincères mensonges. Lorsque je ne trouvais plus de mots, je redemandais à fumer, je reprenais Florence et je recommençais ma fiévreuse et tendre litanie.

Elle écoutait ma voix, comme une voix surnaturelle.

La journée et la nuit passèrent ainsi.

Lorsque enfin je me décidai à quitter la fumerie, je revis, dans le brouillard qui flottait devant mes yeux, le cou à la cicatrice.

Tout en aidant Florence à monter dans un *rickshaw*, je lui demandai :

— Comment s'appelait le matelot qui gardait la porte sur le cargo ?

— Sao !

— Est-ce qu'il ne se trouvait pas entre les fumeurs ?

— Je crois, dit la métisse avec indifférence.

XIX

Le matin suivant je ne portais pas la trace la plus légère de mes excès. J'avais dormi vingt-quatre heures de suite.

Mon corps était prêt à toutes les tâches, à toutes les fatigues. Mon cerveau travaillait avec une clarté parfaite. Et je fus comme ébloui par une subite évidence : il me fallait fuir Shanghaï. Et sur l'heure.

Ne m'étais-je pas engagé à voir Florence chaque jour, chaque nuit, à fumer avec elle, à oublier tout au monde, sauf elle ? Déjà elle m'attendait. Bientôt elle se mettrait à ma recherche.

Je ne pouvais pas tenir parole, je ne pouvais pas résister à ses éclats. Je devais fuir, et sans qu'elle en fût avertie.

Mes promesses ?

Un homme n'est pas responsable, décidai-je, de ce qu'il dit sous l'effet de l'alcool ou de la drogue.

Mais alors, m'objectait une voix intérieure, il faut au moins en donner le démenti.

A cela je ne répondis rien, car, à la vérité, je n'étais pas encore un homme, mais un adolescent terrifié par une charge dont il se sentait incapable d'apprécier la nature et le poids.

Je concentrai toute l'activité de mon esprit sur l'évasion nécessaire. Le but de mon voyage fut vite arrêté : Pékin.

Dans ce choix, je trouvai l'excuse définitive. Comment avais-je pu songer à quitter la Chine, sans voir Pékin ? Florence n'avait tout de même pas le droit de m'en empêcher.

Restait la question d'argent.

Je n'en avais presque plus.

A ce propos, je me souvins que je n'avais pas revu M. W...

Le consul de France me reçut avec une gentillesse que ma conduite ne méritait guère.

A peine eus-je fait allusion à mon désir de visiter Pékin que M. W... dit en souriant :

— Ce qui vous gêne, ce sont les frais de route, je pense. Ne vous en inquiétez plus : j'arrangerai cela.

Je commençai à le remercier : il m'interrompit :

— Ne m'ayez aucune reconnaissance. J'estime ce voyage excellent pour votre formation chinoise et pour le poste que j'envisage de vous confier.

Le consul prit un temps et me demanda soudain :

— La direction de la police en concession française de Shanghaï vous conviendrait-elle ?

La surprise me fit balbutier :

— Comment ?... Pourquoi ?

— C'est bien simple, reprit M. W... Le chef de notre police a le mal du pays. J'ai pensé à vous pour le remplacer.

Il me regardait avec tant de sérieux et de bonté

que je voulus d'un seul coup lui enlever toute illusion sur mon compte.

— Monsieur le Consul, je me vois forcé, dis-je, de vous avertir...

M. W... m'interrompit encore, en achevant la phrase à ma place.

— ...que votre tenue ici n'a pas été celle d'un arbitre des mœurs ? N'est-ce pas ? Eh bien, vous ne m'apprenez pas grand-chose. M. Wang m'a renseigné. Je vous présenterai tout à l'heure M. Wang.

— Et malgré cela ?...

— Oui, malgré cela. Je me suis renseigné à Vladivostok, même en France. Il paraît que, en service, vous avez une autre conception de l'existence. Or, un chef de police — particulièrement à Shanghaï — doit se considérer toujours en service... Si, comme il me semble, vous aimez l'aventure, je vous promets que vous serez comblé.

M. W... appuya sur un timbre. Du cabinet voisin sortit un des plus petits hommes et des plus ratatinés qu'il m'ait été donné de rencontrer. Il portait de grosses lunettes sur des yeux de furet et, sur des lèvres presque invisibles, une très longue moustache blanche.

— N'est-il pas vrai, monsieur Wang, que nous avons trouvé à notre goût la correction reçue par Van Bek au bal de l'Astor House ? demanda le consul.

Puis, s'adressant à moi :

— M. Wang est adjoint à la police française, depuis la fin de l'autre siècle.

Le vieux petit Chinois se confondit en courbettes et murmura :

— J'ai osé exprimer à M. le Consul la pensée que l'homme qui n'a pas eu peur de Van Bek pouvait fort bien diriger la police à Shanghaï.

Ainsi, l'offre était sérieuse, j'étais forcé d'en convenir. Mais cela ne faisait qu'aggraver mon désarroi. Je demeurai stupide, à considérer M. W... en silence.

— Je ne vous demande pas de réponse immédiate, bien entendu, dit le consul en riant : vous déciderez en revenant de Pékin. Saluez de ma part le Temple du Ciel qui est la plus divine conception qu'aient pu imaginer les hommes.

Par bonheur, je m'y rendis le jour même de mon arrivée.

Ainsi, je pus voir avec des yeux frais cette théorie de cours vides et désertes, mais calculées par je ne sais quel art magique, pour préparer l'esprit à la sérénité la plus haute et la plus subtile.

Ces cours herbues et silencieuses, au milieu desquelles s'élèvent trois gradins de marbre pur et surnaturellement ouvragés, qui ont le ciel pour voûte, c'était là, me dit-on, que les empereurs de Chine venaient après leur sacre, montaient sur la plus haute plate-forme et passaient tout un jour et toute une nuit à contempler le firmament.

Mais il n'y avait déjà plus d'empereurs en Chine! Et la ville immense, découpée par des enceintes grandioses, n'avait plus de sens. Ni la Cité, jadis interdite, toute d'or et de pierres rares, veillée par les oiseaux et les dragons de bronze, réservée aux Fils du Ciel et maintenant ouverte au premier venu.

Mais ce n'est pas la raison qui me fit négliger tant de merveilles que je ne reverrai sans doute plus.

Non. Tout simplement, je rencontrai à l'Hôtel des Wagons-Lits deux officiers cosaques. Ils m'entraînèrent chez les courtisanes les plus délicates de la terre et dans des clubs où l'on jouait très gros jeu.

Notre boisson de table était le cognac, nos passe-temps, ceux d'un corps de garde.

Un beau matin, je m'aperçus que j'étais à bout de ressources. Je repris le train pour Shanghaï, sans avoir vu Pékin.

En débarquant, je reconnus tout de suite sur le quai l'inoubliable silhouette de M. Wang. Alors seulement, je me souvins de la proposition que m'avait faite le consul de France.

M. Wang me salua de loin avec beaucoup de discrétion, mais, comme j'appelais une voiture de louage, il se trouva à mes côtés.

— M'accorderez-vous l'honneur de vous tenir compagnie? murmura le petit homme.

Sans attendre mon assentiment, il s'installa sur la banquette.

Nous étions cahotés depuis quelques instants au trot d'un cheval famélique, lorsque M. Wang me dit avec un charmant sourire :

— J'aime infiniment M. le Consul de France.
— Moi aussi, répliquai-je.
— J'en étais sûr! J'en étais sûr! s'écria le petit vieillard chinois, au comble du ravissement. Et je suis sûr aussi que, pour lui éviter toute peine, vous oublierez l'offre qu'il vous a faite, sur l'ins-

piration inconsidérée de son indigne serviteur qui se trouve devant vous.

M. Wang baissa le front et se tut.

— Qu'est-ce que ça veut dire ? m'écriai-je. Vous comprenez bien que je dois connaître les motifs de cette décision. Elle est insultante pour moi. Qu'avez-vous donc découvert sur mon compte ? Un vol ? Un crime ?

Depuis quelques secondes déjà, la main ridée et minuscule de M. Wang voletait devant mon visage, en signe de protestation épouvantée.

Quand j'eus achevé, il soupira profondément.

— N'accablez pas mon cœur fatigué, je vous en supplie. J'ai déjà tant de chagrin aujourd'hui.

Sans me laisser placer un mot, il chuchota d'une haleine :

— Une jeune fille que j'aimais beaucoup a été trouvée étranglée par un lacet, dans une fumerie de la basse ville. Elle s'appelait miss Florence. Son père est un vieil ami à moi, Sir Archibald.

XX

« Van Bek n'achète pas en aveugle! » « Je crois que c'était Sao. » « Van Bek n'achète pas en aveugle! » « Je crois que c'était Sao. »

Les voix de Sir Archibald et de Florence résonnaient distinctes et mêlées en même temps dans ma tête.

Et aussi, je voyais la métisse inquiète, affolée par mon absence, courant au dernier lieu où elle m'avait vu, où je lui avais fait croire à mon amour. « Ma vie... Ma vie... » disait-elle. Et là-bas...

Arrivées à ce point, les images refusaient de se former plus avant et recommençaient à tourner dans le cercle de mon obsession. Cela dura jusqu'à la nuit, puis je m'enivrai sauvagement.

Le lendemain, les images étaient plus pâles, les voix plus faibles. Jour après jour, nuit après nuit, elles se dissipèrent, elles se turent, chassées, étouffées par l'alcool, l'opium, les abus sexuels.

Et je ne pensais plus à Florence la métisse... Du moins, en ce temps où j'étais si doué pour m'arranger avec moi-même.

Et Sir Archibald ?
Et Van Bek ?

J'ignore tout ce qui a pu leur arriver après la mort de Florence.

Quant à Bob, je le retrouvai sur le *Paul-Lecas*. On nous donna la même cabine : notre camaraderie s'en trouva renouée. Il y avait à bord quelques femmes jolies et faciles, mais aucune n'avait assez d'attrait pour nous jeter l'un contre l'autre.

Par ailleurs, nous bûmes terriblement, car chacun de nous s'était vanté d'avoir, en arrivant à Marseille, la plus forte note au bar.

Paris, 31 janvier 1937.

DU MÊME AUTEUR

Aux Éditions Gallimard

LA STEPPE ROUGE, 1922 (Folio n° 2696)

L'ÉQUIPAGE, 1923 (Folio n° 864)

MARY DE CORK, 1925

LES CAPTIFS, 1926 (Folio n° 2377)

LES CŒURS PURS, 1927 (Folio n° 1905)

LA RÈGLE DE L'HOMME, 1928 (Folio n° 2092)

BELLE DE JOUR, 1928 (Folio n° 125)

DAMES DE CALIFORNIE, 1929 (Folio n° 2836)

VENT DE SABLE, 1929 (Folio n° 3004)

NUITS DE PRINCES, 1930

WAGON-LIT, 1932 (Folio n° 1952)

LES ENFANTS DE LA CHANCE, 1934 (Folio n° 1158)

STAVISKY, L'HOMME QUE J'AI CONNU, 1934. Nouvelle édition augmentée en 1974 d'UN HISTORIQUE DE L'AFFAIRE PAR RAYMOND THÉVENIN

LE REPOS DE L'ÉQUIPAGE, 1935

HOLLYWOOD, VILLE MIRAGE, 1936

LA PASSANTE DU SANS-SOUCI, 1936 (Folio n° 1489)

LA ROSE DE JAVA, 1937 (Folio n° 174)

MERMOZ, 1938 (Folio n° 232)

LA FONTAINE MÉDICIS (Le tour du malheur, I), 1950

L'AFFAIRE BERNAN (Le tour du malheur, II), 1950

LES LAURIERS ROSES (Le tour du malheur, III), 1950

L'HOMME DE PLÂTRE (Le tour du malheur, IV), 1950

AU GRAND SOCCO, 1952

LA PISTE FAUVE, 1954

LA VALLÉE DES RUBIS, 1955 (Folio n° 2560)

HONG-KONG ET MACAO, 1957. Nouvelle édition en 1975

LE LION, 1958 (Folio n° 808, Folioplus classiques n° 30)

AVEC LES ALCOOLIQUES ANONYMES, 1960

LES MAINS DU MIRACLE, 1960

LE BATAILLON DU CIEL, 1961 (Folio n° 642)

DISCOURS DE RÉCEPTION À L'ACADÉMIE FRANÇAISE ET RÉPONSE DE M. ANDRÉ CHAMSON, 1964

LES CAVALIERS, 1967 (Folio n° 1373)

DES HOMMES, 1979

LE TOUR DU MALHEUR, 1974. Nouvelle édition en 1998
   TOME I : *La Fontaine Médicis – L'Affaire Bernan* (Folio n° 3062)
   TOME II : *Les Lauriers roses – L'Homme de plâtre* (Folio n° 3063)

LES TEMPS SAUVAGES, 1975 (Folio n° 1072)

MÉMOIRES D'UN COMMISSAIRE DU PEUPLE, 1992

CONTES, 2001. Première édition collective (Folio n° 3562)

MAKHNO ET SA JUIVE, 2002. Texte extrait du recueil *Les cœurs purs* (Folio 2 € n° 3626)

UNE BALLE PERDUE, 2009 (Folio 2 € n° 4917)

Aux Éditions de La Table Ronde

AMI, ENTENDS-TU…, 2006 (Folio n° 4822)

*Impression Novoprint
à Barcelone, le 12 juillet 2010
Dépôt légal : juillet 2010
1er dépôt légal dans la collection : août 1979*

ISBN 978-2-07-036174-8./Imprimé en Espagne.